La Confiance en soi

Une philosophie

自信的躍進

不再恐懼、退縮、焦慮的關鍵

沙爾・貝班 Charles Pépin——著
Geraldine LEE——譯

獻給維多莉亞、馬賽爾與喬治雅

因為我只需要凝視你們，就能夠得到滿滿的信心。

對自己的信心、對生命的信心，特別是對你們的信心。

好評推薦

自信重要嗎？爲什麼我們要花時間和精力來塑造更強大的自信心？

我的答案是，它不是很重要，而是必要。在生活上，所有事情的成敗很大程度都取決我們的自信，也就是相信自己可以做得到某件事的信念。

因此，培養自信是每個人都必修的一個技能，學校沒有教，或許這一本書就可以幫助到你。

——好葉（YouTube No.1 的中文個人成長頻道）

若用洋蔥圈的概念來看待作者解說自信，內圈是對自己的能力有自信，中圈是對他人有自信，外圈則是對人生有信心。

《計程人生》裡面有個故事，有一位獨臂司機遇到女乘客嫌棄他只有單手而嚷嚷不坐，他完全不放在心上。

他說：「我們是大車隊，不載你，還有很多客人等著我載。」

從這個例子我們可以發現，司機對自己的駕駛能力有自信，對他的公司（信譽、吸客能力）有自信，對其他客人的良善有自信，所以他對自己的人生充滿自信。

自信從何而來，自信危機，本書有解。

——楊斯棓醫師（《人生路引》作者）

「自信是一把利刃。」

爲什麼有些人遇事處變不驚，應對起來游刃有餘？

爲什麼我不是那樣的人，我要如何變成那樣的人？

我們對世界的認知決定了我們的自信，從你的眼睛看出去的世界，是明亮的還是灰暗的，是充滿希望的還是令人失望的。想要擁有自信這把利刃，想要讓難關像刀切豆腐一樣迎刃而解，你需要屏氣凝神，用全集中呼吸好好調整你的心。

——歐馬克（金鐘司儀）

在作者的剖析下，自信不再是個飄渺不定的概念，而是一項能從多種來源慢慢練習與養成的內在資源。敬邀讀者藉由本書，一起反思、甚至翻轉我們對「自信」的舊有印象，然後找到更多有效建立自信的新策略。

——蘇益賢（臨床心理師）

CONTENTS 目錄

CONTENTS 目錄

引言
解開自信謎團，找到背後的推動力

今天早上，我們把輔助輪拿掉了。四歲的小女孩跳上她的腳踏車，在燦爛陽光下往前衝刺，她父親小跑步跟在旁邊，一隻手扶著她的背，另一隻手抓著腳踏車坐墊。她緊緊地握著龍頭，越踩越快，父親不斷鼓勵她：「繼續踩，不要停。」「向前看。」「很好！」然後他放開手。此時小女孩已經累積了足夠的速度，即使沒有父親的幫助，她依然能夠保持平衡。意識到自己成功的那一刻，她快樂地大喊一聲，然後渾身自由地輕盈全速前進：她充滿了信心。

但這份信心從何而來？是因為相信自己的能力？還是因爲相信父親？又或者是這段美好的家庭時光給予她自信？

如同我們所見，自信心可說是某種煉金術的產品，由許多不同因素構築而成。通往自信的道路有千百條，但自信在每個人身上作用的方式卻是一樣的。因此我們可以說，自信只有一種，但有許多不同的養成方式。

瑪丹娜可以說是爲舞臺而生的藝人。即便她終其一生都不斷在舞臺上自我創新，但童年時期的她卻是非常靦腆的孩子，在五歲時失去母親，因此心靈受創。但瑪丹娜是如何在生命中找到自信的？

派翠克．艾林傑（Patrick Edlinger）是世界自由攀岩的先驅之一。他徒手獨攀時流暢得像在半空中跳舞，在岩壁上移動施力點的動作更是優雅至極，從不顫抖。他是怎麼做到的？

要在夜裡降落到航空母艦上的飛行員，必須在能見度非常差的狀況下，以每小時兩百五十公里的速度，著陸在極短的跑道上。他何以能夠不害怕？

在車禍現場，一位急診醫師必須在四面圍繞著喧嚷車流的環境中，迅速替傷者做檢傷分類。他該怎麼做才能夠不犯錯？

那些在群衆面前演出的音樂家該怎麼即興演奏？網球選手爲什麼在比賽進行到決勝點時還能夠冷靜自持？爲什麼有些學生總能夠在大考當天「超常發揮」？那些願意賭上

性命去做某件事的男男女女，他們的自信從哪裡來？這些人有什麼共同點？

腳踏車上那名小女孩可以給我們一點線索。她的信心有三個來源：

首先是她的父親。她並非獨自嘗試騎車，她很幸運有父親陪伴——**自信其實也就是一種對於他人的信心**。

接著是她的能力。她能理解並應用父親的指導，以正確的方式踩下踏板、握住把手，因而學會了騎車這種非常重要的生活技巧——**自信其實是對於自己能力的信心**。

但她的自信不只來於此。在成功的同時，她的內心有種喜悅油然而生，超越了學會騎腳踏車的單純滿足感。這是一種更深刻、更寬廣的喜悅，一種與生命共鳴的喜悅——**自信其實是對於生命的信心**。

儘管形式和程度可能有所不同，但我們總是能在自信背後看到這三種推動力：對他人的信心、對自己能力的信心，以及對生命的信心。或許一切就是這麼開始的——我們該像初生之犢一樣，不需要具體原因就能充滿信心。

「自信是一種幼兒般的能力，讓我們在面對未知時，能像面對已知一樣邁出腳步。」詩人克里斯提昂．博班（Christian Bobin）如此優美地形容自信。相較於人生中第一次跳上腳踏車的那一刻，現在的我們更容易意識到風險和危機，同時也因爲這份認知而焦慮不安。但是，對風險的認知不應該消磨我們的膽識與動力。事實上，「自信」是保有孩童的初心，同時擁有成年人的理智。

我們所處的時代使我們必須懷抱自信。傳統社會中，每個人都扮演著既定的角色，在那些身分決定一切、沒什麼好爭取的年代裡，自信心不那麼重要。然而在現代生活中，我們獲得自由之身的同時，也必須對自己的命運負責。我們要想辦法實行自己的計畫、證明自己的價值、追求自己的幸福、讓自己的生命有意義。而達成這些事情，需要自信。

偏偏，事情是前所未有地複雜。人類不曾如此需要自信，也不曾這麼難以獲得自信。

修好汽車馬達或製作一架梯子能夠撫慰受傷的心；用自己菜園裡的蔬菜爲家人做出豐盛的一餐，也能使心靈感到滿足。但那些開會、回覆郵件的時光卻沒有相同的效果，這種工作型態讓我們喪失了與事物最直接的接觸。現代社會的生產系統規畫得非常精細，以至於我們只能看見自己面前正在進行的事情。我們在工作中遵守著無數的規章和流程，卻難以用三言兩語向他人描述自己的職業。如今的社會看似連結緊密，實際上卻離生活的基本面越來越遠，人們也因此漸漸失去獲得自信的機會。我們應該重新找到能幫助自我建立信心的基石。

瑪丹娜、派翠克．艾林傑、喬治．桑、約翰．藍儂，以及小威廉絲等人的故事可以爲我們帶來啓示：自信並非與生俱來，而是需要後天養成。自信的培育就像一場征戰，路途艱困且需要耐心，然而一旦達成目標，我們將能夠揮灑自如，並得到難以想像的深刻喜悅。

爲了要弄懂自信心這個謎團，我們將從古往今來的智者與哲人身上取經，其中包括愛默生、尼采與柏格森。這些思想家曾經在談論自由、勇氣或個體性時，間接表達了對於自信心的看法。我們也會從其他領域中搜索靈感，例如以鮑里斯．西呂爾尼克（Boris Cyrulnik）爲首的心理學家、以雅各．拉岡爲首的心理分析學家等等。另外還有研究人員、教育工作者、運動員、戰鬥機飛行員、急診室醫師等人的親身經歷，以及詩人的文字和宗教家的雋語，也都能夠帶來啓發。

自信心是人類存在的核心問題，無法只以單一學科的觀點進行闡釋。要了解自信心的來源，我們不能在實驗室中解析，而該藉由眞實生活去觀察體驗，並親眼看著自信萌芽茁壯。我們該順隨著它的韻律，接受它的猶豫與偏向，跟在它身旁小跑步，就像我們陪伴在一個孩子身邊一樣，看著它跌跌撞撞、重新找到平衡，最終一飛沖天。

第一章

培養強大的連結
自信來自於人際關係

「慈悲沒有敵人。」

——馬可・奧理略，哲學家皇帝

「對自己的信心最初來自於他人。」

這句話聽起來或許有些矛盾，卻是千眞萬確的。人類新生兒極其脆弱且充滿依賴性，在生命剛開始的幾個月裡無法獨自生存。因此，一名活下來的嬰兒，正是其他人類提供照顧的最好證據。嬰兒最初的自信來於對其照顧者的信心——也就是說，人類生命中最初的自信，來自於對他人的信心。

人類嬰兒出生時，尙未發展為獨立成熟的個體，因此非常需要他人的幫助。根據胚胎學家的說法，一個胚胎細胞發展到完全成熟大約需要二十個月。亞里斯多德也曾經觀察到：人類出生時還只是半成品，明顯先天不足，比起其他任何哺乳類動物的幼兒都脆弱，就好像大自然出了什麼差錯，把尙未完成的作品就這樣拋了出來。我們出生時無法行走，需要一年才能學會這個技巧，然而幼駒出生後只需要幾個小時、有時候甚至幾分鐘就可以開始四處蹦跳。在這樣的情況下，我們還應該有自信嗎？

幸好人類發展出家庭支持、人與人之間的互助、社會教育等機制，可以用文化的方式彌補先天的不全、用人際關係替大自然未竟的工作畫下完美的句點，進而得到大自然沒有給我們的那份自信。

幼童會出於種種原因逐漸發展出自信：包括與他人建立的關係、成爲他人注意力的中心、得到慷慨的照顧及不求回報的愛。年幼的孩童能夠感知到這份愛的起因並不是自己的行爲成功與否，他們只是單純以自己的樣貌被愛著，而這是自信最堅固的基石——在童年曾這樣受寵愛並獲得關注，能夠在人生中給予我們力量。

在掙扎中獲取自信心的道路上，我們得先克服佛洛伊德所提出的「幼兒焦慮」。因爲，如果一位青少年渴望啓程去看看廣大的世界，或者一位成年人能夠成功實施自己的計畫，都是因爲他們在人生最初的數年，成功地擁有了鮑里斯·西呂爾尼克提到的「早期互動」，因而得到心理學家們普遍認爲非常重要的「內在安全感」。

自信心與自尊心不同。自尊是對於自己存在價値的評斷，自信則是我們與自己行爲之間的關係，是我們能夠撇開猶豫、說做就做的能力，也是我們能夠在這個複雜的世界裡承擔風險的本領。要找到這份向外探索的勇氣，我們必須先擁有內在安全感。

在拉岡的大作《鏡像理論》中，他描述了孩童在人生中第一次意識到自我主體性的瞬間：嬰兒大概在六個月至十八個月大的時候，已經能夠在鏡中辨認出自己，而當他們第一次看見自己的影像時，會有什麼反應呢？躺在大人臂彎裡的他，在鏡中認出自己的時候，會馬上轉頭看向大人的眼睛，用眼神詢問：「這是我嗎？這眞的是我嗎？」大人會報以眼神、微笑或幾句安撫性的話語，讓嬰兒知道：「沒錯，這就是你。」

第一次面對自己的影像這件事，在哲學上有非常深刻的意義：在我和我自己之間，「他者」一直存在，而我唯有通過他者才能認知到自己。嬰兒對自己在鏡中看見的影像沒有信心，而是相信他人的判斷，並在他人的雙眼中找尋內在的安全感，在他人的雙眼中尋找自己。

同樣的實驗也在獼猴身上實行過。這些與我們有著相似基因的猴子非常聰明，牠們很快就學會用鏡子觀察平常看不見的部分，例如背部或臀部。但在面對鏡子裡的影像時，牠們並不會轉向鏡中其他獼猴同類尋求確認。獼猴無疑是具有高度社群性的動物，會藉由群體互動學習很多事情，但在生命發展的過程中，並不像人類一樣依賴「與他人的關係」。牠們社群中的成員關係，終究與人類有所不同。我們沒有他人，無法發展出人性；沒有他人，我們沒有辦法成爲自己。

讓我們看看那些在出生後就遭遺棄，然後被動物（熊、狼、豬等等）照顧成長，並與動物共同生活多年之後才被發現的孩子。

這些孩子們就像楚浮的電影《野孩子》裡面所描述的，缺乏與人類的接觸，使他們的心智發展受到了影響。他們面對人類時，就像被獵捕的動物一樣充滿恐懼；他們無法學習人類的語言，並且貌似已經失去人性。在狀況最好的案例中，負責照顧這些孩子的專業人員在經過長時間耐心且善意的教導後，可以與他們建立起一些脆弱的連結，讓他們展現出很有限的進步，但他們的自信心一直都處於極不穩定的狀態，只要稍微遇到困難就會冰消瓦解。

以現代心理學語彙來說，這些野孩子因爲沒有與人類進行「情感連結」而深受其苦。幼年時期，他們沒有在情感上與其他人類產生聯繫，沒有人會保護他們、照顧他們、注視他們或與他們對話，因此使其缺乏內在的安全感，甚而無法擁有任何一點微弱的自信，可以避免將外在世界的一切都視爲懷有敵意的存在。

根據精神科醫師約翰·鮑比和鮑里斯·西呂爾尼克的理論，如果一個兩歲大的小男孩可以對走進他家的陌生人問好、微笑、主動接近觸碰這個人或與其談話，那是因爲這個小男孩有著足夠的內在安全感，讓他可以面對新事物。他依賴連結的對象給予他充足的信心，讓他可以成功離開安全範圍，嘗試接觸未知。

一項教育成功時，學生就不再需要老師，因爲他們擁有足夠的自信，可以離開教導他們的人。藉由向未知踏出的這幾步路，那個小男孩已經開始在人生中起跑。他從他人身上得到了信心，而現在是他展現自己能力的時候了。爲了走得更快、更遠，他會把從家人和教育者身上得到的愛與關注轉化成力量。

人生中的最初幾年是培養自信的關鍵時期，不過在人生中任何一個時間點，我們都依然可以建立讓自己能獲取信心的人際關係。即使我們不幸地無法從幼年時期的人際環境中得到足夠的安全感，補足這份缺乏的人際網絡也永遠不嫌晚。不過前提是：我們要夠了解自己，才能意識到自己有所缺乏，並願意尋求彌補的辦法。

自信是份禮物

巨星瑪丹娜曾是個害羞的小女孩，對自己不太有信心。她的母親在她五歲時因爲乳癌過世，在此之後，她並沒有從父親那裡得到充分的照護，因爲她的父親很快便再婚，並與新的妻子有了其他孩子，讓她在家庭中無法找到自己的位置。瑪丹娜很小就開始學習鋼琴及芭蕾舞，但從不認爲自己有天分，而覺得自己比較是勤能補拙的類型。青少年時期，繼母送她去一所位於底特律的天主教學校。她在那裡遇見了克里斯多福．福林（Christopher Flynn），改變她人生的舞蹈教師。

期末芭蕾舞表演的排練過程中，福林對瑪丹娜說了一句話，那是此生從未有人對她說過的話：「妳美麗、充滿天分，並且有著非凡的魅力。」她後來回憶，認爲這短短幾個字改變了自己的一生。

在此之前，她並不相信自己的能力，但現在她認爲自己身爲舞者，可以到紐約尋求發展，更終於意識到自己天生就是獨立的個體。在期末表演上，她半裸著用一種前所未見的能量跳舞，驚艷了包括舞蹈老師在內的所有人。

「瑪丹娜」自此誕生。

在克里斯多福．福林之前，有其他的鋼琴與舞蹈老師教會她許多知識、技巧和方法，但是從來沒有人給過她「自信」這樣一份大禮。

我記得自己參加過一場瑪丹娜在法國尼斯舉行的演唱會。當時我還不到十八歲，完全被她在舞臺上的驚人風姿迷倒，著迷於她唱歌的方式、跳舞的姿態以及她表現出的自由。

我記得她在高唱《宛如祈禱者》（*Like a Prayer*）這首歌時，映照在大螢幕上的巨大臉龐、滴在她眼眶中的汗水、她的眼神、她那彷彿接受了無上恩典的微笑。毋庸置疑，瑪丹娜擁有超群的能力，並曾經昂首闊步、踏遍全球的舞臺，在演藝圈身經百戰。但是她的吸引力並不只是一種技巧或能力的展現，她身上有一種優雅，那是充滿魅力的人們所獨有的特質。這樣的人往往會在他人的眼睛中尋找自己，持續重新定義自己與世界的關係。

當年我還不明白自己在大螢幕上看到的究竟是什麼，然而今日當我重新想起瑪丹娜亮眼的微笑時，我相信她在群眾中找到了自己，她在臺下歌迷的能量、甚至是他們的愛之中，找到了自己當年在舞蹈老師眼中看到的那份信心。

瑪丹娜沒有在童年時期得到足夠的安全感，但是在人生的其他時刻尋獲了彌補的辦法。

即使我們有幸在人生最初的幾年，建立起充滿安全感的人際關係，在此之後能夠幫助我們加固信心的場合依舊重要。不過，此時我們將會以另外一種形式體驗這種信心的升級，覺得自己似乎重新經歷生命初期獲得信心的那些關鍵時刻。

法國著名網球運動員亞尼克・諾阿從父母札克里（Zacharie Noah）和瑪莉克萊兒（Marie-Claire Noah）身上得到充沛的愛。他父母的感情很好，也毫不吝嗇地疼愛孩子。亞尼克十一歲時，遇到了當時世界排名第四的美國網球選手亞瑟・艾許。艾許當時正在非洲進行錦標賽，因此於喀麥隆首都雅溫得停留。亞尼克幸運地跟這位冠軍選手打了幾個來回，而艾許非常讚許這個孩子的天分，甚至在活動結束後，把自己的球拍給了亞尼克。

隔天，艾許在候機室裡等待登機時，年輕的亞尼克上氣不接下氣地跑來，拿著一張艾許的海報索求簽名。艾許不只簽下自己的名字，還留給亞尼克一句話：「溫布頓見！」亞尼克・諾亞數年之後拿下了法國公開賽的男單冠軍，他告訴眾人，艾許的這四個字是自己此生收到最美的禮物。這句話激勵了他，並在自己最艱困的時候陪伴他，讓他最終能夠發光發熱，成爲一個與艾許同等水準的網球選手。

在瑪丹娜與亞尼克的例子中，我們可以看到，建立自信心有時不過就是幾個字的事情而已。師長或朋友給出的衷心言語，能夠幫助我們建立生命中的信心。

而有效的不只是長篇大論或暖心言語，有時人們表達信任並交予我們一項任務，也能夠讓我們得到自信。

我曾經在一間企業的會議中分享「自信心的奧祕」，演講結束後，一位女士向我陳述自己放完產假，回到公司後所經歷的一場自信危機，以及她如何從危機中走出來。起初，她對於必須離開孩子回到職場而感到痛苦，因而覺得自己非常脆弱、認爲自己無法擔負起工作上的職責。回到職場幾天後，上司把她叫進辦公室。她心裡已經做好面對最壞結果的準備，卻非常驚訝地得知，上司要交付她一項重要的任務。在此之前，她在職場上從未接受過這麼重要的任務，因此瞬間就找回了自信。

亞里斯多德對「友誼」給出了一個別出心裁且非常中肯的定義。他在《尼各馬可倫理學》中提到，「朋友」是能夠讓我們變得更好的人。與朋友在一起時，我們覺得愉快，能夠更進步、能夠變得更加聰明或更加敏銳，朋友還能幫助我們拓展未知的世界、了解未知的自己。亞里斯多德指出，朋友是能讓我們實現自己力量的人，朋友——或者更精準地說，與此人的友誼——能夠將原本僅僅蟄伏於我們體內的「潛力」，轉化爲眞實世界中的動能。

友誼是促進自我發展的良好平臺，並不需要建立在單方面的慷慨舉動或無限包容之上。如果與某人的關係可以為我們帶來正面的影響、讓我們的才華得到好的發展、促使我們進步，那麼此人就是我們的朋友，是我們生命的良伴。同樣的道理，我們的鋼琴老師、舞蹈老師或繪畫老師、我們在努力過程中遇到的冠軍選手等人，只要他們能給予我們發展成長的動力，都可以是我們的「朋友」。

與武術教練、體育教練、瑜伽老師（或者任何亞里斯多德所謂的「朋友」）相處，能讓我們獲得自信，這並不只是因為我們成功從這些人身上學習了某項技巧；事實上，是我們與這些人建立的「關係」能夠帶給我們信心。

人類天生需要他人的善意與關注，在這些希望我們進步的人身邊，容易意識到自己對人際關係的需求，而與這些「朋友」的規律相處，能夠幫助我們穩定成長。我們能夠感受到自己每一次進步所帶給對方的滿足感，也知道對方有能力在我們遇到困難時伸出援手，並鼓勵我們前進。日積月累之下，這些「朋友」的自信成為我們的自信——這就是自信心運作的方法，也是人類特有的學習方式。

好的老師會讓我們重複正確的動作，並讓我們自由探索，藉此在我們心中灌輸自信。在我們熟練之後，他會讓我們自己操作，因為這麼做可以顯示他對我們的信心。當他人幫助我們培養自信時，這兩個動作是交互進行的。

從他人眼光發掘自信

寫這本書時，我遇見了一位非常特別的登山家：艾瑞克．德康（Erik Decamp），這位巴黎綜合理工學院的畢業生與同是登山家的妻子凱特琳．德提維爾（Catherine Destivelle）一同攀登過許多世界最高聳的山峰，包括喜馬拉雅山脈中的象鼻神山四號峰①，以及西藏的希夏邦馬峰②等等。

德康同時也身兼高山嚮導——這是一份與自信心高度相關的工作，他必須對自己有充分的信心，並知道如何將信心傳遞給自己帶領的人。爲了幫助他的隊員們擺脫恐懼，德康有一招看似冒險、但多半非常有效的策略：如果一位隊員在攀登前的準備與訓練中，全程都表現出明顯的不安，他就會在正式攀登時指定這位隊員打頭陣。通常這樣的做法可以讓對方很快脫離焦慮狀態，並因爲從嚮導身上得到了自信，立刻認爲自己變得強大。德康在訓練的過程中，會給出明確的指示和解釋，讓隊員們重複練習正確的動作，然後指定一位最害怕的隊員走在前面。而這位隊員會將信心轉換爲行動，證明自己值得衆人信任。

這正是瑪麗亞．蒙特梭利所提倡的教育方針中，非常核心的一環。蒙特梭利教育法立基在善意與信心之上，時至今日獲得很大的成功。這位義大利籍的教育學家不斷提醒父母：「絕對不要幫助孩子做他們認爲自己可以做到的事情。」也就是說，要盡可能對孩子們具有信心，以行動表現出來的話，就是放手讓孩子去嘗試。因此，我們就可以理解爲什麼當自己有時想要「示範一下」時，孩子會顯得不耐煩：我們想快一點把事情做完，於是插手孩子可以獨立完成的事情。而孩子的確有惱怒的理由，因爲我們這麼做，是不夠信任他們的表現。

父母、教練、老師及所有亞里斯多德定義中的朋友，都該熟悉這兩種培養自信的交互階段：首先，我們必須給予對方自信，然後對其展現信任；接著，讓對方有安全感後，再稍微抽掉一些安全感。我們需要讓這兩種狀態交互作用，才能培養出得以探索世

① Ganesh IV。中國、尼泊爾邊界高山，海拔七一〇四公尺。名字源自印度教的象鼻神。
② Shishapangma。中國境內高山，海拔八〇二七公尺。

界的膽量。因爲他人對自己的態度中，常會混雜了這兩種發展自信的層面，所以我們應該懂得在他人眼光中發掘自信，便會覺得自己更加強大。

身爲哲學教授，我經常體驗到這個過程。有時我會不經意地在演講中偏離原本的主題，甚至在某個時間點忘記要怎麼回到自己原本的論點上，因此覺得困窘、甚至快要失去信心，但臺下聽衆與學生們充滿興趣與好奇的眼神，總能夠讓我平靜下來。我有時也會突然驚覺，剛剛發給學生的哲學文獻，對我自己而言也相當晦澀難解，但學生提出的問題、對我的信心，總能讓我很快理清思路。

艾瑞克．德康告訴我，他也有過一模一樣的經驗：登山隊出發探險時，隊員對他的信心會增強他的自信。我們畢竟是依賴人際關係生存的物種，因此這樣的結果一點也不令人驚訝。德康和我都像他的登山隊員一樣，因爲感受到肩上承擔著他人的信心，因而找到了自信。自信是他人給予我們的禮物，而我們欣然接受。若有學生問我一個困難的問題，我會反過來告訴他：你其實知道答案。我給予學生信心，而在大部分的狀況下，收到這份信心禮物的學生都能在幾秒鐘內給出一個有趣的答案。

我們有時會聽到某人——可能是同事或家人——說他們缺乏自信，讓我們覺得自信似乎是種自我內在的問題。但如果從來沒有人相信他們、給予他們自信，他們理所當然會爲焦慮所苦。看到這些能力超群卻缺乏自信的人，有時眞是令人驚訝。因爲他們忽略了人類是依賴人際關係生存的物種，而不是孤立、獨自累積技能的單元體③。

《仁慈的力量》（*Puissance de la douceur*）與《冒險禮讚》（*Éloge du risque*）的作者安・杜弗勒芒特爾（Anne Dufourmantelle）也是精神分析師。二〇一七年因爲救援溺水的孩子，自己反而不幸溺水身亡。她的行爲用一種激進的方式證明：缺乏自信這件事不存在。病人們在諮詢椅上把感受到的痛苦化爲語言，而杜弗勒芒特爾在傾聽的過程中，發現病人的焦慮大多來自於對他人缺乏信任，這是童年時缺乏內在安全感導致的災難性結果。這些人在成長過程中，身邊沒有能夠給予他們信心的人，因此即使從悲慘童年倖存下來、長大成人，依然無法對自己抱有信心。當安・杜弗勒芒特爾說「缺乏自信這件事不存在」時，她的意思是，缺乏自信事實上就是缺乏對他人的信心。

對自己的信心及對他人的信心，實際上是同一件事。

---

③ monade。原指單細胞生物、哲學概念中的單子等，此處作者指涉為「互不相關的個體」。

這也可以解釋「妄想型人格」④背後的原理：他們對自己沒有自信、對別人也沒有信心，無法控制自己不去懷疑所有外在事物——周遭環境、媒體訊息。簡單來說，他們深深爲「內在的不安全感」所苦，因此懷疑整個世界。也因爲這份無所不在的不信任感，讓他們無法找到適合培養自信心的施力點。

下列舉動可以幫助我們得到自信，同時學會相信他人：

踏出自己的舒適圈，與來自不同背景、能夠啓發我們的人建立關係；選擇能幫助我們成長、覺醒、反省的朋友與生命導師。我們該追尋對自己有益、能讓我們建立安全感並感到自由的人際關係。

記得我們稍早之前提過的兩歲小男孩嗎？他主動靠近來訪的陌生客人——小男孩當然心裡會有些害怕，因爲陌生人侵入了他的家中，但即使心有恐懼，他依然勇往直前。他對自己有信心、對這位陌生人有信心、同時也對家中其他親近的人有信心。這份信心並非由基因或生物因素決定，而是在他的成長過程中，藉由各種交織的人際關係，一步步培養起來，最終像是包裹初生嬰兒的布巾一樣，讓孩子充滿了安全感。

我們有時會摸摸孩子的頭，讓他們知道我們在旁邊、會照顧他們、他們不是孤獨的。藉由這些關注的舉動，讓孩子有了信心，這正是他們成長中最需要的東西。孩子大一點之後，藉由讓他獨自進食、讓他大膽地踏出第一步，展現出對孩子的信心。

沒有人能在孤立的環境中得到信心，自信最初的來源正是愛與友誼。

④ Paranoid。患者對他人極度不信任和懷疑，常將別人的動機視為惡意的。

第二章

自我訓練
自信的實踐

「給我一個支點，我可以舉起整個地球。」
——阿基米德，古希臘科學家

少年時期的瑪丹娜因爲舞蹈老師的一番話，從心理障礙中解放出來。但在此之前，她已經練習舞蹈許多年、擁有精湛的舞藝。事實上，瑪丹娜的舞蹈老師正是因爲注意到她身爲舞者的天分，才得以說出那番震撼人心的話。

前一章著重探討自信心中與「人際關係」相關的部分，但我們不該忘記，自信心也必須建立在「個人能力」之上。

網球名將大小威廉絲姊妹的父親理查．威廉絲帶領著兩個女兒一步步走向成功。理查用最佳方式給予她們信心：他不斷告訴這兩位女孩，相信她們將藉由網球提升自己的社會地位、脫離貧窮，並且成爲世界上最好的女網選手。然而，口頭上給予這兩姊妹自信並不能滿足理查，他從兩人能握住球拍開始，就親自對她們進行嚴格的訓練。

她們幾乎大半輩子都在球場上，與自己的父親和無數小綠球爲伍，專注的程度甚至贏得黑幫的敬重：她們家鄉的黑幫火併時，甚至會注意不要打擾兩姊妹進行訓練。威廉絲姊妹的父親一手帶出她們剽悍的球風，包括強勁的發球及從後場深處大力擊球；他也教導兩人採用充滿攻擊性的打法，用兩至三個截擊①就搶到得分，而這在威廉絲姊妹之前的女網中，是前所未見的打法。理查讓兩姊妹不斷重複、不斷練習，更專攻發球的動作，因而讓小威廉絲成爲世界紀錄上首位女性網球選手，發球速度超過時速兩百公里。

兩姊妹成功名列世界最強的女網選手，前仆後繼地拿下國際女子網球協會的世界排名第一。小威廉絲甚至成爲網球史上最好的女性選手，得到三十九座大滿貫冠軍，其中包括：二十三次單打冠軍（比施特菲．葛拉芙②還多）；十二次與姊姊組合，獲得雙打冠軍，其中有次比賽時，她甚至還懷著兩個月身孕！在網球史上，小威廉絲是唯一在對方達到決勝點之後還能逆轉勝贏得大滿貫的選手——事實上，她在個人球史中總共逆轉了三次。

在全球性的賽事上，面臨對方達到決勝點的不利情況下，還依然能保持平穩，這需要無與倫比的自信。

---

① volley。指球在己方半場未落地前，就將球打回對方半場。

② Steffi Graf，德國網球選手，單打最高世界排名第一，網球史上至今唯一在同一年中得到四座大滿貫賽事冠軍與奧運冠軍的傳奇選手。

而這樣的自信，來自於她的能力及她所受的密集訓練。但這裡重要的不僅是單純的技巧，在不斷重複相同動作無數遍之後，這些動作已經成爲一種本能，極度優秀的網球技巧甚至成爲小威廉絲人格的一部分，進一步讓能力在她身上轉化爲信心。這樣的轉化背後有某種定理嗎？

一萬小時定律

在全球暢銷書《異數：超凡與平凡的界線在哪裡？》中，身爲《紐約客》雜誌撰稿人的麥爾坎・葛拉威爾表達對於「天分」這個概念的不認同，並提出誘人的「一萬小時定律」。

這個理論最初由心理學家安德斯・艾瑞克森提出。在分析一群柏林音樂學院同期受教育的小提琴家之後，艾瑞克森想要知道最優秀的小提琴家（在著名的管弦樂團中成爲首席，或成爲世界知名的獨奏家）、好的小提琴家（成爲職業音樂家），以及其他最後只能從事教職的小提琴家，三者的差別在哪裡。他問所有小提琴家同樣的問題：「從第一次接觸小提琴開始至今，您總共花了多少時間拉小提琴呢？」

得出的結果讓艾瑞克森非常驚訝。那些「只能從事教職」的小提琴家在二十歲時，練習時數都不超過四千小時；「好的小提琴家」練習時數則大約落在八千小時左右，而那些將成爲「明日之星」的最優秀小提琴家，則都累積了超過一萬小時的練習時數。沒有任何例外。艾瑞克森接著在鋼琴家身上進行同樣的調查，並且得到相似的結果：職業鋼琴家的練習時數大約是八千小時，其中的高手則超過一萬小時。他沒有遇過任何一位優秀的音樂家，總練習時數小於一萬小時（等於十年間每日練習三小時）。

我非常喜歡美國爵士樂手桑尼．羅林斯的薩克斯風即興表演，那可說是純粹自信的象徵。他在音樂上探索前人未曾踏足的小徑，邀請聽衆進行一場如夢似幻、充滿無限自由的漫步。近期正好看到一則關於羅林斯的專訪。他透露自己人生中曾經有一段時期，每天練習薩克斯風長達十七個小時。他的辛勞爲自己帶來信心：他必須先熟習所有音階與技巧，然後才得以用即興的方式自由表現。

在許多偉大藝術家身上都能看見這樣的道理：自信來自於勤勉、甚至是頑固不休的練習。

然而，安德斯．艾瑞克森研究的成果並不該被過度簡化。不要以爲單純地花一萬個小時練習樂器，就可以成爲優秀的音樂家。你必須在練習過程中感到愉悅，讓這些練習契合你的願景；同時，你必須有一些天賦，並且心無旁騖、腳踏實地練習一萬個小時。

或許能夠影響最終成果的因素還有很多，讓這個研究因此變得特別有趣。而我們可以看到一項能力如何在不同階段中，慢慢地被內化，轉變爲一個人的自信——在八千小時的練習之後，我的能力已經可以達到職業等級；在一萬小時之後，我可以充滿野心地挑戰成爲此領域中的世界頂級人選。當小威廉絲在美國十歲以下的女網組別排名第一時，她的練習時間早已經超過一萬小時。

麥爾坎．葛拉威爾爲安德斯．艾瑞克森的研究發展出一套定理，並且寫出一本煽動人心的暢銷書。他認爲，無論在什麼領域，只要能夠練習一萬個小時，便能夠成爲某項技術的佼佼者，並且得到自信。從莫札特到披頭四，他深入研究許多範例，然後發現這些大音樂家們都是在一萬小時的門檻之後，才眞正達到優秀的境界。當然啦，莫札特在能夠認字之前就已經會看樂譜，並且能正確彈奏樂器，更在六歲就做出第一首曲子。但是根據葛拉威爾的定義，莫札特第一首眞正偉大的曲子，第九號鋼琴協奏曲，卻是一七七七年在薩爾斯堡寫出來的。莫札特當時二十一歲，練習作曲的時間卻已經超過一萬個小時。

來看看披頭四在一九六四年於美國轟動成名前的故事。

葛拉威爾曾經計算過約翰．藍儂與保羅．麥卡尼在臺上表演音樂的時間。根據他的研究，披頭四在一九六○年不過就是個高中生搖滾樂團，他們運氣很好，受邀到漢堡演出，在一間夜總會裡一唱就是八個小時，甚至有時會唱通宵。這與披頭四在利物浦的練習模式非常不同，當時通常不會排練超過一個小時，且往往都是重複練習某一首曲子。葛拉威爾認爲，披頭四透過漢堡夜總會的這個機會，藉由密集訓練建立信心，尤其對於四人在臺上一起表演的方式充滿自信。這些練習時數使他們能充分熟悉自己的樂器、開發演出的曲目、探索自己聲音的可能性、學會解讀觀衆的反應，並讓觀衆隨著他們的音樂起舞。披頭四在漢堡成爲一個偉大的樂團。而在一九六四年前往美國時，根據葛拉威爾的計算，他們的表演時數已經累計超過一萬兩千小時──披頭四因此得以征服美國。

安德斯．艾瑞克森最初提出的概念並非遵循著嚴格的科學方法。他所謂能夠「成爲任何領域傑出人士的一萬小時定律」並無法獲得證實、也不能被否證。葛拉威爾曾引用神經科學家丹尼爾．列維廷的著作，企圖佐證在理論上，一萬個小時符合大腦成爲某領域專家需要的學習時間。他之所以這麼做，看似想要補足此理論原本缺少的科學證據。

雖然我們有很多理由可以懷疑這個理論，但是我必須坦承，一萬小時定律對我來說特別有吸引力。透過這項理論，我們可以了解，即便對於天才來說，自信也必須一點一滴建立。藉由漸進式培養與內化自己的能力，最終我們會得到能夠自由表現的自信。

自信並非天生而來，而是需要後天養成。

愛迪生說過：「天才是一%的靈感，加上九九%的汗水。」當我們開始懷疑自己時，可以想想這句話。有時覺得自信心低落，認爲自己沒有天分，或天生不擅長做某件事情，然而眞相很可能是沒有足夠的練習。若這樣的質疑出現、若我們害怕自己做不到某事，最好的辦法就是努力練習，累積自己的能力並重拾信心，而非幫自己找「缺乏天分」之類的理由。葛拉威爾寫的這本好書能夠提醒我們：莫札特或許是天生充滿靈感的天才，但是他也流過許多汗水，他流的汗甚至比許多天分不如他的音樂家還要多。也因爲正是如此，莫札特的故事才能幫助我們得到力量。

不過葛拉威爾僅針對小範圍內的信心做研究，更限定在一萬個小時內可以學到的能力上。雖然掌握一項能力可以增進我們的信心，但眞正的自信心範圍更加廣大，甚至超越某項特定技巧。

自信心大躍進

透過在網球上的能力與成功，小威廉絲得到的自信超越了球場的範圍，她不僅在職業運動領域中握有發言權，更能夠站在女性、母親、女性主義公民的角度發言，並得到廣大認同。

小威廉絲在二〇一六年發表了一封公開信，揭露體育界存在的性別歧視及長久以來的性別不平等。我在這裡節錄一段她的文字：

「他人在我身上所見到的弱勢與缺失——無論是我的種族或性別——對我而言都是驅策我前進的動力。我從未讓任何人事物定義自己及我的潛力（……）在通往成功的道路上，女性有許多障礙需要突破，其中一項是我們常常被提醒『自己不是男人』，就好像不是男人本身就是種缺失一樣。人們稱我是『世界上最偉大的女性運動員之一』，他們會說勒布朗．詹姆士是世界上最偉大的男性運動員之一嗎？或者老虎伍茲？還是費德勒？為什麼人們不這麼說？（……）我們不應該容忍這個現象，我們應該要得到建立在成就之上、而非性別之上的評價。」

這封信中展現的自信是由她的能力轉化而成的。小威廉絲這麼多年來，每天花上數個小時用球拍擊球，訓練的可不只是網球技巧而已。她日復一日一再確認自己的意志、自己的渴望、自己承受的壓力與對抗阻礙的能力。如今，她能夠大膽站出來的這份自信，更是她多年經歷總結的成果。在培養自己發球、正反拍擊球能力的同時，她也意識到自己的力量及想要活下去的渴望——無論是在球場上或其他地方。藉由網球，小威廉絲眞實地面對自己，並找到內心深處蘊藏的豐富資源。

這邊的好消息是：我們在發展某項技巧的同時，能夠得到超乎此技巧之外的廣泛自信。我們的生命經驗無論好壞，都可以成爲發展力量的支點。阿基米德就曾說過：「給我一個支點，我可以舉起整個地球。」自信心在我們的行爲、我們與世界的關係中扮演重要的角色，因此所有能將我們與現實連結的事情，都可以成爲得到自信的立基與跳板。

「一切意識，都是對某物的意識。」德國哲學家胡塞爾這樣寫道。他這句話的意思是，我們藉由意識到自己以外的存在物，進而意識到自己。舉例來說，我們因為意識到口中咖啡的味道、手中咖啡杯的重量，因此意識到自己的存在。我們對自己的意識並非純粹、抽象、脫離感知的。

自信也是這麼一回事：要感受到對自己的信心，首先必須展現自己在某項具體行為上的信心。套用胡塞爾的話，我們能夠得出：「一切的自信，都是對自己能夠達成某事的信心。」我們需要透過具體的經驗、特定的能力與實際的成功來培養自信。因此即使面對微不足道的成功，我們也該慶祝，因為這些成功都是通往自信大道的墊腳石。在鼓勵孩子時，我們更能體會到，每一次對孩子的祝賀，都能讓他們更加相信自己。

在孩童時期，我們相信自己有能力向前踏出腳步、學會騎腳踏車；長大成人之後，我們相信自己有能力閱讀樂譜、在陌生的城市裡找到方向、開啓一場對話、表達自己的反對意見、提出自己的期望、在公衆面前發言。

有朝一日，我們就會對自己有信心。

這就是我所謂「自信心的躍進」。所有努力都是一條條小徑，讓我們能夠親身體驗由能力到信心的轉變，最終走到能夠躍進的這一步。然而自信並不能透過持續的尋覓獲得——在這條道路上，欲速則不達，我們必須持之以恆地練習，並且保有好奇心，有一天你會在不知不覺中就具有即興演出的能力。

但是在特定能力蛻變爲實質信心的過程中，到底發生了什麼樣的奇蹟呢？有一些能力很顯然具有局限性，永遠也無法轉變爲自信。在小威廉絲背後，有多少優秀的女網選手，在網球場之外的世界無法擁有同樣的自信？心理學家們指出這個問題：我們的自信往往與某項自己熟習的技巧相關，因此把自信限制在某個領域之中。有時我們甚至在擅長的領域中都不見得充滿自信，看似擁有精熟的技巧，實則在背後偷偷顫抖。該如何促使「從能力到信心」的轉變發生？

首先，我們必須享受發展能力的過程。

我在學生身上常常能夠得到印證：在發展能力的過程中得到樂趣，是培養信心的最佳方法。比起那些以爲認眞讀書等於嚴陣以待的學生，能在探討問題中得到樂趣和滿足感的學生進步得更快速；那些「愛玩的人」很快就能跳出必須面對的框框條條，進而得到自信。背後的原因很簡單：享受過程的人比較客觀、也比較放鬆，即使犯了錯，依然能夠得到學習的樂趣。

事實上，當人們享受正在做的事情時，比較少犯錯。這份「樂趣」是一項指標，讓我們知道這件事情適合自己，能夠在持續不斷的深入中成長受益。畢竟知道自己走在該走的路上，是一件令人安心的事。

因此相較之下，如果一項能力可以幫助我們了解自己、認識自己的性格與潛力、喜好與厭惡等等，就更容易蛻變爲自信。在不了解自己、尙未自我耕耘的情況下，自信是不可能持久的。小威廉絲在學習網球的過程中，發現自己的能力、自己的優點與缺陷，以及自己是什麼樣的女性——她理解到自己在逆境中最能展現自我。

具有局限性的能力無法幫助我們擺脫焦慮，但透過培養能力的過程了解自己之後，我們就不會再受到其後的邏輯框架所限制。如果我們以爲增進能力可以讓自己避開預期外的意外，那麼反而可能會在意外出現時不知所措，甚至陷入信心危機。生命本來就充滿不可知，若我們抱著想要控制一切的心態來增進自己的能力，只會讓自己沮喪地失去信心而已。因此在發展能力的過程中，心裡還是要清楚：世事變化多端，我們不可能永遠盡善盡美。

自信華爾滋

「我們不可能涉足同一條河流兩次。」這是從古希臘哲人赫拉克利特的著作中摘錄的一句名言。即使我們技藝超群，事情依然不可能分毫不差地發生兩次。一位精於手術的外科醫師，雖然非常熟悉手術工具、知道自己指尖動作的時機，但每次面對的病人卻是不同的；即便人體大抵相似，但每個病人依然獨一無二。這位外科醫師的能力與閱歷讓他有信心面對嶄新的狀況、不同的病人、意料之外的情形。

小威廉絲的網球能力卓越超群，曾在大滿貫決賽中，逆轉取得決勝點的對手——這是第一次，但之後的兩次並沒有複製前一次的成功。

很顯然的，無論是優秀的外科醫師或小威廉絲，都知道自己該怎麼反應，因為他們擁有足夠的能力，可以在事發當下立即回應。他們做出了自己早已爛熟於心的反應，在過程中更不會偷偷顫抖。他們對突發狀況的回應，不僅是機械式重複某種動作，更有能力根據情況發明和調整。即便幅度甚微，卻能顯現自己與他人的差異所在。

在《查拉圖斯特拉如是說》中，尼采創造了一個怪異的人物「良知者」。這個角色讓我們能夠辨別使我們劃地自限的「能力」，以及能夠解放我們的「經驗」。尼采認爲，一切都取決於追求能力時「我們內心深處」的東西。如果在精進自己的過程中，讓「恐懼本能」引導我們，那麼將不可能得到眞正的自信——我們會像書中那憤世嫉俗的「良知者」一樣，很有能力，但沒有自信。「良知者」這樣的人無疑是位專家，卻也代表著某種學者的可悲形象：他對於水蛭的大腦無所不知，但這份能力卻反過來將他與現實生活切割，使他對任何其他事物都不感興趣。這樣的能力甚至能夠害死人。這位「良知者」最終在一個充分表現尼采怪誕筆法的場景裡，跳進一個爬滿水蛭的泥潭中被吸乾了血液，死在自己的研究主題手上。

幸好我們能夠反其道而行，在追求能力的同時也帶上尼采所謂的「藝術本能」。這是一種創造的形式，與「恐懼本能」相對，能讓我們在生命中發展進步，而非恐懼逃避；讓我們生機勃勃，而非死氣沉沉；讓我們充滿好奇，而非謹小愼微。當然，藝術本能與恐懼本能兩者同時存在於我們內心，但只要藝術本能得以戰勝恐懼、創意能夠蓋過平淡，我們就可以讓能力蛻變爲自信。

查拉圖斯特拉給了我們一項良好的建議：帶著藝術家的靈魂去發展自己的能力。

能力應該要推動我們前進，而非反將我們限制其中。我們的能力與優勢固然可以使自己感到安心，但不要忘記，培養能力的最終目標是走出自己的舒適圈、更有自信。能力並不等同於生命中的終極安心保證。若錯誤地抱持這種觀念，將永遠無法獲得自信。尼采曾經無情而中肯地分析：生命是不可預期的，甚至往往並不公平，其本質令人如履薄冰。除非我們沒有任何一點自我意識，否則生命中不可能有完全安心的時刻。

因此我們不能僅僅單純重複已經會做的事情，我們的能力應該要做爲創造力的土壤，培育展現自我的機會。而要做到這點，必須經歷漫長的轉變。在熟習某項技巧之後，我們會更能理解並接受這個觀點：生命中總有不能掌握之處，因此我們該學會放手。立基於我們曾經學習、實驗、整合的種種事物之上，我們將會有自信，能夠放任事情自然發展。

小威廉絲三歲開始她的網球生涯。那時的她坐在選手板凳上，雙腳根本還碰不到地，就已經上場學習各種揮拍方式，並且不斷練習改進，直到神乎其技的境界。她人生中分別在三次決賽裡，當對手達到決勝點時，穩如泰山地救下關鍵一球。這份冷靜並不只是源於她對揮拍技術的信心，而是因爲她對自己有充分的自信。經過不斷重複練習，小威廉絲的網球能力已經內化，成爲一種習慣。稍早談到的「自信心躍進」就在這裡充分展現——小威廉絲的能力轉化爲她的自信。

這一步有些神祕，但我們已經知道：要能放手，我們必須從自己的能力中獲取力量、從舒適圈中得到保證，才會有信心踏出一大步，向無法掌握之處走去。

把你的舒適圈和能力想像成一個圓，你可以不時踏進去取暖，充飽電之後再走出來探索世界。這個圓圈將成爲你的避風港，給予你力量。每一次的回歸都是爲了下一次的探索，你將能夠不斷邁出腳步，一邊跳舞一邊前行。這個舒適圈會隨著你對世界的探索，變得越來越大；你會擁有自己的韻律，而這首兩拍的華爾滋就是自信心的舞步③。每個人會透過自我認識，發展出適合自己的頻率，需要時就回到舒適圈的安心環境中。若在童年不常感到「安全」，成年之後就會比較需要經常回到舒適圈。因此，我們需要充分了解自己，以便找到獨屬自己的舞步與節奏。

③ 華爾滋樂曲通常是三拍，也有兩拍的特殊樂曲存在，此處作者指踏進舒適圈取暖，然後踏出來探索世界的兩步動作。

我的學生們透過學校的課程訓練，獲得許多不同的能力，但是法國業士文憑考試④一分一秒靠近時，他們依然會在腦中細數還沒學過的東西，然後忍不住害怕顫抖。他們會要求我針對特定主題補課，或發補充講義，而我則會反過來請他們細數自己已經學會的東西、再一次閱讀他們喜歡的段落、重新在念書之中找到樂趣，因爲樂趣是自信心最大的盟友。簡單來說，我請他們從自己的舒適圈中找到資源，獲得信心之後再出發探索新東西。我邀請學生們踏進舞池，跳這首兩拍華爾滋。

我也請他們訓練自己寫短文或論文，因爲就像中世紀諺語所說：「只有透過鍛鐵，才能成爲鐵匠。」即使是鍛造之神赫菲斯托斯（Hephaestus）也不是一天就學會鍛鐵。

赫菲斯托斯因爲出生時相貌醜陋，被父母丟進大海中，幸而被水中精靈撿到、扶養長大，並花費許多年教會他鍛造的藝術。赫菲斯托斯絕對擁有超過一萬小時的練習時數。我要求學生們自我訓練，但我也告訴他們，不要誤以爲自己對學業內容越精熟，考試成果就會越好，因爲文憑考試裡的題目絕對與他們之前準備過的都不一樣。教師這個職業的矛盾處就在這裡：我們必須教會學生各種能力，卻又要提醒他們不要盲目相信能力。

那些心懷恐懼、總想要做足完美準備的學生，永遠都無法擁有眞正的自信。他們能夠發展出某些能力，讓自己在學業上獲得成功，但是始終都會缺乏自信，並在人生中的某一天跌倒。比起其他人，他們更容易在哲學考試時，因爲看到不熟悉的題目而焦慮緊張。這樣的學生對自己的能力太有信心，而對「自己」太沒有信心。

相反的，用比較開放、較不制式的方式訓練自己的學生，不會追求十全十美的充足準備，而是更願意嘗試不同的可能、面對新奇的挑戰。他們不會不計代價地追求安全感，而是用帶有樂趣和創意的方式進行練習。他們提及考試題目的態度，與前面那種完美學生有顯著的不同，聲音中的好奇與興奮更蓋過了擔憂。這兩者的差別很驚人：前一種學生對考試中的不確定性充滿恐懼，後一種學生卻很享受面對不確定性的過程。他們明白不確定性是生命中自然存在的一部分，並準備好與其共存。

自信心並非某種安全保證。對自己有信心，意味著知道自己有能力面對未知。這並

---

④ Baccalauréat。法國高中生通過畢業會考得到此文憑，是法國高等教育的入門磚，等同臺灣的學測和指考。

非自我催眠，認爲人生是可預知的。當然有些時候，「能力」可以降低事物的風險到趨近於零，不過在那些狀況中，你也不會需要自信了，單純技巧足矣。

哲學家伊曼紐・德勒賽（Emmanuel Delessert）在他的著作《勇於信任》（*Oser faire confiance*）中指出信心與能力的不同：「自信並非在已經成功一千次之後，終於認爲自己做得到某事——這種定義多悲傷、多局限啊！相反的，自信是能夠直面自己內在充滿不確定、未曾被發掘的部分，並願意喚醒它。」自信能夠處理我們尚未「成功一千次」、甚至從來沒有嘗試過的事情。如果成功了，這份信心就不僅僅是建立在我們的能力之上，而是對「自己」的信心。

有一句詼諧的諺語這麼說：「他人的經驗之於我們，就像梳子之於禿子一樣。」這是什麼意思呢？事實上，在自信錦標賽裡，只有自己的經驗才算數，他人的經驗並沒有幫助，最多只能使我們得到少許技巧上的進步。比能力更重要的是「獲得能力的過程」，這才是眞實經驗的累積，是我們的寶藏。我們會在其中發現自己如何面對逆境、成功、失敗；我們會認識到自己的天分、渴望、野心，並藉此認識自己。沒有人能夠代替我們走過這條路。

因此盡你所能地發展自己的能力，但是不要給自己壓力，記得時時確認這項能力可以讓你更接近自己，並且注意不要被自己的能力所限制。如此一來，自信會在能力的基礎上，像恩典、獎賞、驚喜一般，自然而然地浮現。

第三章

自我傾聽

相信自己的直覺

「人應該要學會發現並觀察自己心靈深處閃現的那道微光。」

——愛默生，美國散文作家

在急診室中，急診醫護人員要先為傷患檢傷分類，把「極為緊急」的患者與其他「較不緊急」的患者區分開。此時救護車的警笛鳴響、病人與家屬在一旁哭泣哀號，但急診檢傷醫師依然必須執行他的工作，初步判別傷者情況的嚴重程度、臉色的好壞、眼白的狀況、胸腔呼吸時的起伏。他必須對自己的判斷有信心，才能在緊急情況中解決問題、在喧囂中傾聽自己的聲音；他必須保持冷靜，才能迅速做出良好的決定。

急診醫師是怎麼做到的？用冷靜的角度分析面前的狀況？不，這麼做不實際，因為他沒有充足的時間；相信自己先前的經驗，用本能判斷？不，這麼做也不實際，因為醫學判斷依然需要診斷資料與臨床觀察。事實上，在這個時刻，急診醫師整個人——他的理性與感性、身體與精神——都投入到這個決定中。

商人正處於困難的談判場上，雙方已經來回交換了幾次意見。但突然在某個時刻，他得到了一種「預感」，於是轉變語調，提出最終的價碼——要就要，不要就算了。幾秒鐘之後，他的對手接受提議。這位商人的直覺是準確的，他知道要傾聽自己內心深處的聲音。

如同急診室醫師，商人在提出最終價碼時，也是身心整體都投入到這個情境之中。

如果你認爲他只是冷靜且快速地分析情勢、他只是用純粹的直覺來分析對手的肢體語言，那你就錯了。他二者兼用，這正是爲什麼他能有那份「預感」。在過去的談判經驗中，他體驗了成功與失敗，並且不會刻意忘記失敗、僅僅回味成功，否則他將無法全心投入到現今的狀況中。他總結了自己過去的所有經驗，並將此「集大成」，運用在眼前的談判之中，因此得以成功提出想要的價碼。這個「傾聽自我」的過程既簡單又複雜：簡單是因爲這件事毋須天分，複雜則是因爲在緊急、高壓的情況下，我們往往難以聚精會神。

你或許會擔憂，自己是否必須高度開發自身的某種天賦，以得到自我傾聽的能力，但事實上並不需要。自我傾聽是讓自己所有認知部份的理性與感性、意識與潛意識——都參與發言，就像是不同樂器在音樂會中齊奏一樣。要能夠成功傾聽自己的聲音，我們必須小心地避免讓某一部分的認知過於強勢，若我們的理性占上風，就會聽從理性的聲音；若感性較強勢，我們就會追隨感性的步調。如果所有能力都平衡發展，我們就能夠相信自己做得到。

你自己的看法呢？

校園裡常常要求學生遵守指令、聽取建議與告誡。我們教導學生順從老師的話，卻沒有教導他們，能夠傾聽自己的聲音才是眞正重要的事情。

國際學生能力評估計畫（Programme for International Student Assessment, PISA）旨在比較不同國家的教育系統，而PISA的研究指出，法國學生在知識基礎與選擇題考試成績間有很大的落差。也就是說，法國學生擁有豐富的知識，但面對數個選項時會遲疑不決，最後選到錯誤答案的比率高於平均値。爲什麼法國學生在面對待塗黑的空白格子時會感到慌亂？因爲他們沒有學會傾聽自己的聲音。在法國，學生的期末成績單上幾乎不會寫上「要相信自己」這樣的評語，我們反而會看見像是「可以再更好」或「需要更努力」的詞語，「要更相信自己的判斷」這樣的話，更幾乎不會出現。

我曾有幸遇到兩位改變我一生的老師。在高中一年級的文學課上，我第一次讀到魏爾倫①、普魯斯特、卡繆等人的作品。我的文學老師很傳統、對學生要求很高，喜歡叫我們背誦文句，但她同時也會詢問學生的看法與感受，並要求我們傾聽自己的想法：

「沒錯，你說得有道理，我們的確可以這樣說，但是你自己的看法呢？你覺得這段寫得好嗎？他的文字能觸動你嗎？」

我的哲學老師則讓我接觸了亞里斯多德、史賓諾莎、黑格爾等哲學家。他教導我哲學知識與閱讀哲學的方法，同時教導我如何傾聽自己的聲音。他也常常問學生同樣的問題，甚至在上完一堂關於笛卡兒的漫長課程之後，尖銳地對我們說：「不要再跟我談笛卡兒了，談談你們自己，你們怎麼想？」

二十五年後，回想起我在哲學課上度過的時間，覺得這些時光是「屬於我的」，因爲它讓我能夠獨立於生活中的瑣事、日常狀態的限制、家庭的義務等等，專心學習如何傾聽我自己。在哲學課堂裡，我們研讀柏拉圖、康德或沙特，最終目的是要能夠觀照自己；我們學習黑格爾的精神現象學，也是爲了學會傾聽自己精神面的聲音。

像我這兩位老師一樣的偉大教育者，會在背後推動我們前進，讓我們有足夠的心理

---

① Paul Verlaine。十九世紀法國象徵派詩人。與馬拉美、韓波同為象徵派詩歌代表人物，在法國詩歌史上占有重要地位。因文字通俗易懂，深受讀者喜愛。

準備活出眞實的自己。我們常常會發現，原來他們也走過類似的途徑，也從教給學生的這些大師身上得到自我實現的力量。他們與尼采創造的反英雄人物「良知者」相反——良知者因爲恐懼、因爲對自己沒信心，才選擇成爲教育者。他們曾經是用功的好學生，但是如今坐到講桌另一頭的他們，是否有好好傾聽自己？他們從自己身上學到什麼？他們是否察覺，自己學生時代那種順服的態度，定義了自己與世界的關係？這類人物最後經常成爲會侮辱學生的老師，會因爲最輕微的犯規或「不夠嚴肅」，用紅筆狠狠打擊學生的自信。

而我回憶中的這兩位老師，則是能夠有魄力地說出一些非常簡單的道理，有時甚至簡單到讓我覺得「太過簡化了」。多年之後我才懂得：有人會用虛僞晦澀的言語掩蓋貧乏的內容，但我的老師能夠用非常簡單的方式表達極爲複雜的道理。要有勇氣深入淺出地自我表達，必須先有勇氣傾聽自己。對國中生、高中生和大學生來說都一樣，讓他們願意傾聽自己的最佳方式，就是實際示範給他們看，我想這是學校能夠提供給學生最好的教育。請傾聽你的老師，他們會教你如何傾聽自己。

緊急與重要

成功傾聽自己並非易事。首先，你必須停止接受外界已成定見的「事實」——這些事實可能是從宗教、社會傳統的角度出發，因此我們應該能自由地重新探詢、討論。若一個人毫無疑問地全盤接受宗教教育裡的「神」，就無法傾聽自我，無法知道自己究竟相不相信神；若一個人常常以「我們一直以來都這麼做」來回絕討論，就等於放棄了自我傾聽的機會。這樣的人順服於傳統與宗教，盲目崇拜過去，因此無法得到眞正的自信，他無法意識到自己正在做的事情，正是對權威的服從。

即使某些事實經由科學方法確立，我們依然應該了解這些事實形成的過程。學會傾聽自己的同時，也是對知識的整合、對批判性思考的應用。

學會傾聽自己也代表要小心謹愼，避免被緊急狀況所控制。人人都遇過因爲害怕遲到、因爲有時間限制、因爲有壓力，而容易慌亂。匆忙之下，只能回應對自己施加最多壓力的人、或喊得最大聲的人，卻忽略了自己的想法，忘記傾聽自己。

能夠解救我們脫離這種狀態的良方是：學會分辨「緊急」與「重要」。

很多事情的確非常緊急，但並非每一件事都很重要。有時只要記住這項原則，就能避免接收不必要的壓力，並在時間限制內完成必須完成的事項。許多高階經理人長期在時間壓力下工作，以致最後對自己的判斷失去信心。他人的要求如潮水般永無止盡，一件事情可能比另一件更緊急。因此，我們該問問自己：這件事雖然緊急，但是它重要嗎？

在職場上，眞正重要的是完成自己分內該做的事情，並且把這些事情做好。我們可以試著利用空餘時間，滿足老闆或同事的緊急要求。只要堅守原則，心中就不會有額外的壓力與負擔。事實上，老闆或同事可能也是爲壓力所迫，因此把壓力轉嫁到我們身上，要求我們做分外的事情，此時我們要堅守原則，優先做好自己該做的事。

在工作之外的場合，我們也可以用更廣泛的定義來檢視「緊急」與「重要」：在人生中，孩子能開心地成長發展是重要的、我們能夠健康平安是重要的、能享受人生是重要的。若能這樣想，我們就知道即使在辦公室裡過得匆促緊張，人生眞正重要的事情在辦公室外；我們可以忙碌，但並不會被種種緊急狀況牽著鼻子走。在心中隨時記著「緊急」與「重要」的不同，便能維持傾聽自己的能力。

之前提到的急診室醫師也一樣，常常活在匆忙之中。他所面臨的不是如潮水一般湧進的電子郵件，而是傷患。雖然他必須處理緊急事件，但心中有一枚指南針，讓他不會受周邊紛擾的環境影響。他知道某些緊急狀況比其他更重要；他不會被工作場所極快的步調打亂，因爲他能夠從長期的工作經驗中汲取平穩的力量；多年的訓練讓他可以在緊急狀況中，依然傾聽自己，做出能拯救最多生命的重要決定。

十九世紀初生於美國的愛默生，是唯一視自信心爲重要課題的哲學家。在他一八四一年發表的短文《論自立》中，描繪了類似於這位急診室醫師做決定的狀況。

「身在塵世，依照他人意見而活；或身在孤獨，依照自己想法而活，此二者都相對容易。偉大的人則是在喧囂擾攘中，依然能風度翩翩地獨立行事。」

有自信的人即便在人群中，還是能像獨處一樣，傾聽自己的聲音。戰地醫院和急診室的醫師們正是愛默生描述中的「偉大之人」，他們維持著自我的風度與獨立性，即使在嘈雜混亂中依然能夠做出正確的決定。愛默生說：「人應該要學會發現並觀察自己心靈深處閃現的那道微光，而非豔羨哲人和詩人天空中的雲彩。」

儀式讓自信成長

自我傾聽的能力並非生而有之，必須依靠後天學習，而「與自己的約會」這種類型的儀式，對自我傾聽的幫助也很大。儀式可以協助我們遠離大時代的紛擾、擺脫現代生活的匆促節奏，讓我們重新找回自己。每週兩次躺在心理醫師的沙發上、出門慢跑三次、定期冥想、練習新體道②或瑜伽、週五進行安息日禮拜③、週日早上去教堂望彌撒——這些儀式都能成爲我們傾聽自己的媒介，讓我們從「緊急」的事情中脫身，重新聚焦在「重要」的事情上。

我們在儀式中調整呼吸的節奏，並將思緒專注在自己身上。往往在這個時刻，都能自動解開心結：或許是工作上一直令人煩惱的問題，突然間就找到解決方案；也或許是瞬間頓悟了我們在愛情中尋覓的東西。在身心放鬆的狀態下，乍現的靈光可以讓我們看清楚自己，因此對自己更有信心。因爲我們眞切了解到生命的所有答案都在自己身上，我們只是需要一個傾聽自我的機會而已。

我經歷過許多次這樣的狀況：我躺在心理醫師的沙發上談論自己，根據佛洛伊德的自由聯想理論，我會不加控制地說出「在腦海中浮現的事情」。在某一個瞬間，一件事突然跳進腦海，我看到從前沒有發現的東西，或從前不願意正視的東西。現在更了解爲何我會有某些反應、爲何我會焦慮，或者爲何我會感到安心。我並不是藉由壓抑記憶來說服自己，也不是靠著無視身體來傾聽心靈，我是身心一體地在做這件事。

其實我曾經忘記自己具有這項能力。人類很擅長對自己說謊，也很擅長忽視自己內心的聲音，這也是爲什麼我曾經在多年前陷入低潮，而後發現精神分析療法能幫助我。雖然很快就走出憂鬱，但我一直定期造訪心理醫師的沙發。我需要這份儀式感，讓我能夠在匆忙的生活中停下腳步，在一個能夠誠實面對自己的環境中，好好傾聽自己。

在《小王子》的故事中，狐狸責怪小王子每天都在不同的時間回來看牠，而這樣的探訪無法形成儀式。

---

② Shintaido（しんたいどう）。由日本人青木宏之創立的武術流派，標榜身體是表達與溝通的媒介。

③ Shabbat。猶太人的曆法中，星期五的日落至星期六的日落為安息日，這天用來紀念上帝與陪伴家人。

「你如果可以每天都在同一時間來訪會比較好，」狐狸說，「例如你每天下午四點過來，這麼一來，我三點就可以開始期盼。而隨著時間一分一秒往四點靠近，我會越來越快樂。到了四點鐘，我會開始感到不安且憂心，如此一來，我便理解了幸福的代價。但如果你每天來訪的時間都不同，我就不知道要在何時替我的心做準備。我們需要儀式。」

「什麼是儀式呀？」小王子問。

「這也是一項已經被遺忘的事物。」狐狸說，「儀式讓某一天與其他日子不同，或者讓某一個時刻與其他時刻有所差異。」

狐狸觀察到「我們需要儀式」，因爲若是缺少了儀式，我們就只能依靠自己的意志，去營造這些能夠專注面對自己的放鬆時刻。如果我固定每週二和週四晚上七點去看心理醫師，我就能藉由儀式達到同樣的效果；如果我固定每週日早上十一點去望彌撒，那麼我就不須額外花力氣上教堂。儀式可以給我們良好的心理支持，取代意志力所須下的苦功。試想，若是我需要每次都靠意志力來對抗生活中的限制與阻力，我可能一個月才會勉強自己去看一次心理醫師、一年才上一次教堂。

狐狸也說，儀式能夠「讓某一天與其他日子都不同」。儀式具有重複性，我們因此得以更精準地衡量那些不具重複性的事情、更能意識到自己在生命中的成長。如果沒有這些規律的歇息，我們如何能精確地知道自己前進的節奏？讓我們慎防鬆散的生活模式，並重新拾起被現代生活沖淡的種種儀式吧。

在法國大革命前，社會架構十分嚴謹，人們的生命與儀式緊緊相連。但傾聽自己的能力卻不受重視，甚至有時會被視爲對常規體制的一種威脅、是會帶來混亂的一種風險。當社會的正常運作依賴於人民服膺常規和傳統時，我們何必要考慮個人的自信心？當知識被掌握在遠古哲人手中、政治被掌握在貴族手中時，爲什麼要傾聽自己？除了對少數具有騎士精神的貴族之外，自信心在法國大革命之前的社會是沒有意義的。直到啓蒙運動哲學作品的啓發和民主政治的起飛之後，這個現代的概念才形成。「要有勇氣運用自己的理智。這就是啓蒙運動的格言。」康德如此寫道。這份讓我們自由開展理性的邀請函，同時也是一張讓我們傾聽自己的入場券。

簡單來說，相信自己的直覺、傾聽自己的聲音，就等於是獲得自由。若我們躲藏在假象背後，或屈服於所謂「智者」的意見，就等同於放棄行使自由。沙特稱這種拋棄自由的做法是「自欺欺人」，而相對的，「眞知」則是相信自己擁有的自由。人們常常對自由有錯誤的認知，以爲自由表示完全沒有約束，如果我們在生活中不斷受到約束，就代表我們沒有自由。

然而，「自由」與「沒有限制」是兩個完全無關的概念。法國哲學家柏格森認爲，只要能夠眞實地表現自我，並將過去所有生命經驗融合爲現今的自己，我們就得到了自由。傾聽自己正是這麼一回事。融合過去並不表示必須編出一段故事或強迫自己抱有某種身分認同，我們需要做的只是接納自己的過去、以及其中無法被簡化的種種複雜性。只要能夠全心全意傾聽自己，就能得到自由。急診室裡的那位醫師在指揮若定時並非毫無限制，他甚至身處一個充滿限制的環境，然而按照柏格森的定義，他是自由的，因爲他完全相信自己的判斷而行動。

因此，重新改寫自己的故事、摒棄不良的部分、只願意看到「半滿的水杯④」，並無法使人自由。同樣的，一味嚴厲地對自己不足之處加以指責，只看到「半空的水杯⑤」，也無法得到自由。這兩種極端的觀點都是因爲缺乏自信所造成的。

對自己的信心應該是對「自我整體」的信心。自我並非由一個純粹、單一、完美協調的核心所構成。這樣的核心並不存在，因此信心也不應該建立在這個假想之上。那些鼓吹著要尋找這種核心的人都是在欺騙我們，甚至會將我們帶入死胡同。我們只須花一些時間自我檢視，就可以發現這個事實。這個所謂的核心在哪裡？在大腦裡嗎？或者在胃裡？還是在腳跟上？或者在基因中？自我是多元、矛盾、不斷改變的，唯有充分認知這點並接受它，我們才能體驗自由。這種獲取自由的經驗有點像是水壩潰堤，我們不再屈服於來自內在的壓力，也不再受制於從天上掉下來的外在規範，我們得到雙重的自由，終於對自己充滿信心。

「自信的哲學家」愛默生很顯然對尼采產生了重大影響，使他用蔑視的語調描繪出「良知者」的形象。尼采更說過，愛默生是他的「靈魂伴侶」。

事實上，愛默生是美國人這點非常重要。他在遠離歐洲「舊世界」的環境下成長，

---

④ le verre à moitié plein。法文諺語，意指只看到事物美好的部分，忽略水杯還有一半是空的。

⑤ le verre à moitié vide，意指只看到事物有缺陷的部分。

不會因爲自己的國家擁有數千年歷史，認爲所有現代問題都可以在過去找到解答。他來自一個年輕、因意外而被人類發現的國度。他的社會讚揚開墾者精神，而這種精神也是組成自信的成分之一。美國不像歐洲，衆人比較少屈服於馬克斯・韋伯所謂「永恆的昨日權威」，因此開墾者能勇於傾聽自己的聲音——事實上，身爲踏上未知土地的先鋒，沒有得選擇。

我們每個人心中都具有「良知者」精神與「開墾者」精神，兩者時常搏鬥，而每當我們傾聽自己時，開墾者精神便會占上風，避免我們盲目相信傳統教條，讓我們的自信能夠拓展疆域。

愛默生曾說：「相信你自己——這句話能撼動每一條心弦。」讓我們學習如何聽見自己心中的響動、學會不被周圍的噪音所干擾、學會無視那些成天高喊「這件事非常緊急」「這件事沒有商量空間」「這件事一直都是這麼做」的人。這些人永遠不會閉嘴，而自信能讓我們有力量轉過身去，找到自己的聲音。

第四章

學會讚嘆美

美能夠給予我們自信

「對生活在大自然中並依然保有豐富感覺的人而言，
真正的憂鬱不可能來臨。（……）
我享受自己與季節之間的友誼，
相信沒有任何事物能使生命成為負擔。」
——梭羅，美國作家

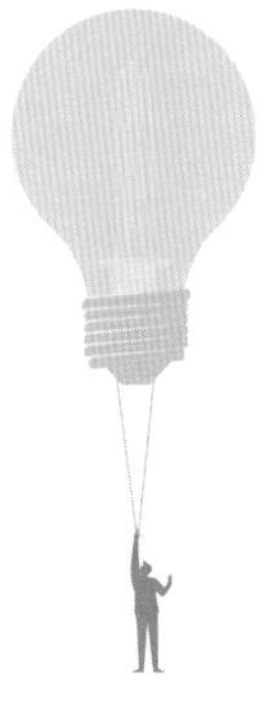

如果不確定自己是否已經具備自我傾聽的能力，可以嘗試回憶一下，我們曾經在意識到自信之前，就能夠相信自己。

這樣的經驗很單純、也很常見：在鄉野間漫步，突然間被山谷間的景色吸引，流連忘返；面對著格外澄亮的天空抬頭沉思，浸潤其中；聽到廣播電臺播放某首歌曲，被深深觸動——這樣的經驗是美好的，但我們不會用「令人喜歡」來形容這樣的經驗，我們說這樣的體驗「好美」——而且似乎所有人都理所當然地該覺得好美。

我們需要多少自信，才能夠陳述「美」的事實？

在美這件事上頭，我們對自己的判斷充滿自信與自由，甚至不覺得應該要提出理由來支持自己的論點，或者列出可供討論的準則。「好美」這句話已包含一切，並不需要理由，因爲沒有理由。平日的自我懷疑此時都煙消雲散，對美的欣賞讓我們能夠自我傾聽。

記得一個獨特的夏夜，我在科西嘉島上，一邊往海灘的方向走去，一邊思索生活如何漸漸脫離自己的掌控。當時我對一切事物都充滿懷疑，我知道自己應該嘗試重新握緊韁繩，卻缺乏實際方法，因此不得其門而入；我知道自己應該要果斷下決定，卻同時猶豫不決。突然間，我見到海面上的波光，粼粼泛著銀輝。隨著夜色漸深，景色越趨幽暗，但銀光卻似乎因此更加醒目。一瞬間，所有景物的存在都顯得非常眞實，銀光雖然不停變化閃爍，卻似乎矛盾地象徵了永恆，我毫不遲疑地覺得面前的景象「好美」。

「好美」這句話非常簡單，卻充滿了我們常常忽略的權威性。在許多場合中，例如工作場所裡、家庭關係中，我們很難用這樣的方式自我表達，有時甚至不敢為自己的意見據理力爭。藉由美感經驗——看到天際的閃電、聽到美好的歌聲、接收到清唱劇①頭幾個音符的瞬間，我們才理解自己原來這麼擅長傾聽自我。每一次體會到「美」的時刻，我們都專注於此美感經驗給自己的享受，而這就是重新相信自己的時刻。

法國詩人波特萊爾說：「美總是奇特的。」事實上的確如此。美感經驗從來不只是純粹的美學問題，它讓我們可以面對自己、將我們從渾噩中喚醒、刺激我們、甚至可以增強我們的自信。

這大概是因為，美感經驗需要身心整體投入，才會有這樣的力量。我認為面前的科

---

① cantata。一種包括獨唱、重唱、合唱的聲樂套曲，大多有管弦樂伴奏。

西嘉島景觀很美，而這不僅與感官有關——我當然必須使用感覺，但是我因爲美感而體驗到的愉悅，卻不僅是感官上的愉悅、視聽上的刺激。這片景觀有其價值和意義：它使我想到永恆、想到上帝、想到自由。因此在感官的層面之外，我的愉悅同時有其智識上的意義。同樣的道理，我意識到自己喜歡這片風景，同時也因爲自己意識不到的理由而爲其著迷，因爲它喚醒我內心深處隱藏的部分。

藝術之美，聽見自信

我們對美的感受並非建立在單一向度上，而是以和諧的方式傾聽自己的整體身心：感覺、智識、潛意識、想像力等。這樣的身心和諧使我們能夠談論對「自己」的信心，而非對「自身感性」或「自我理性」的信心。

康德在談論美感經驗之謎時曾這麼寫：「這是自由且和諧的人類認知遊戲。」當我們被一片景色之美所擄獲時，那些常使自己感到疲憊不堪的內心衝突就奇蹟似地安靜下來了，不再受到理性與感性的拉鋸所苦。我們終於能夠與自己和解，消弭內心的不和諧音調，因此更能夠自我傾聽。

在一件藝術品前，我們有時會忍不住想問自己：「藝術家想表達什麼？」這樣的想法可能會減損我們內心的和諧，錯失欣賞面前美景的機會。若是強迫自己尋找藝術家想表達的訊息，將無法傾聽這件藝術品在自己內心引起的感受。不過，我們站在一件藝術品面前，偶爾就像站在自然景觀面前一樣，不須太多背景資訊，只須注視著作品並傾聽自己的想法，就能獲得一種發自內心的喜悅，並意識到自己內心的想法。

許多青少年在充滿自我懷疑的年歲裡，某日突然第一次聽到大衛·鮑伊或約翰·藍儂的歌曲，突然就得到了一種安心的感覺、一種對自己判斷力的自信：這些音樂無疑是美的。許多平時對自己沒有信心的男男女女，會在聆聽莫札特的《安魂曲》或舒伯特的F小調幻想曲之後，突然領悟到如何自我傾聽。他們毋須諮詢專業人士、弄明白舒伯特在這首經典作品中的音樂手法，就可以明白樂曲中表達的情感：失落的心靈寄託、人類傲慢所造成的限制、有時顯得甜美的憂鬱，以及凌駕一切噴薄欲出的狂野喜悅。聽衆只須讓自己的情緒隨著音樂起伏，就能充分感受。對美的親近就是對自己的親近。這並不是一種逃避，而是在自我內心深處探索，以便找到可能存在的自信。

這也就是爲何我們如此感激能引起心中滔天巨浪的藝術家們，感謝他們給予我們自信的力量。

大約十八歲時，我發現了莎崗的小說，她的文筆如小曲②般流暢，讓人乍看之下覺得清新脫俗。她在十七歲時寫出的成名作《日安憂鬱》用富有音樂感的字句開頭：「面對此種陌生的情緒，我深深爲其中的無趣與甜美著迷，不知道是否該將它貼上『憂鬱』這偉大而美麗的標籤。」

每位作家都是一道獨特的嗓音，詠唱出自己的音符。如果我們不懂得自我傾聽，如何能捕捉自己的嗓音呢？莎崗當時年歲尚淺，卻已經做到這件事，她如果要繼續譜出動人的樂音，就必須聽到自己文字中那優美的小曲。我在閱讀她的作品時，不斷升起想要寫作的欲望。我告訴自己，我也可以找到自己的嗓音、自己的聲調，並用同樣的自由度傾聽自己。

愛默生在《論自立》一文的開頭表示，偉大的藝術作品能帶給我們的正是這樣的效果：它們教導我們遵循自己的自主性，並擇善固執。我們大嘆「好美」時，說的可能是風景、是歌曲，或者同時是內心汩汩湧升的自信。每一次觸碰到美的經驗，都讓我們更勇於活出自己。

認爲要體驗美感，需要閱讀評論、聽取導覽或專家意見的人，基本上對自己沒有信心。不重視內心自發的感覺，反而向權威尋求「該如何思考」，是對自己沒有信心的表現，而權威正是附庸風雅的代名詞。

因此，我們應該勤於接觸美，用最自由、最頻繁的方式靠近美。無論身處鄉村或都市，我們都該學習睜開雙眼。美無所不在，更與我們的自由心靈相約。常常去逛美術館，但不要讓自己被導覽牽著鼻子走，也不要爲自己有限的文化知識感到汗顏。導覽可以適度增加你的信心，但重點仍是要勇於與藝術作品直接互動，踏出邁向自信的這一步。

我記得第一次面對羅斯科③畫作時的感受。一張塗滿了鮮明橙色與黃色顏料的巨大畫布，就這樣出現在我面前，這是一種多麼純粹的存在。美是一種能夠召喚他人的存

---

② petite musique。法文本意是小曲，也引申表示重複的事物。莎崗因其如少女般喃喃絮語的筆風，而得到此評價。

③ Mark Rothko。拉脫維亞裔的美國籍抽象表現主義畫家，將藝術視為情緒表達的工具。畫作以色塊為主，畫面充滿強烈的力量。

在，而我站在羅斯科的畫作前，就像站在科西嘉島的海水面前那樣，非常確定自己見到的美——其中有某種震盪讓我感受到眞實與永恆。

在羅斯科的畫作中，我見到一種稠密且不可思議的精神，但是我對這幅畫一無所知，當時甚至不知道羅斯科是誰。但我不曾懷疑自己，我對自己的感覺與判斷非常有信心。我對自己很有信心。這同時也是對這位我不認識的藝術家的信心、對藝術的信心、對美的信心，以及對生命的信心。

自然之美，啓發自信

一旦我們知道如何用自由的心靈迎接美，就能走出自我抑制的狀態。能夠不設限地去判斷什麼東西「好美」，就是對自信心的累積，而美還能帶給我們更多：它使我們充滿生命力，幫助我們找到勇氣。相信大家都曾在博物館中、聆聽音樂時，尤其是在大自然裡有過這樣的經驗：原本心中充滿著種種煩惱與沉重的疑慮，認爲自己一定無法達成目標，卻在大自然中漫步時，凝望著積雪的山脊、欣賞著枝葉間灑落的陽光，突然就覺得沒有做不到的事。

這正是我在科西嘉島上經歷的體驗，這也是身爲愛默生好友的梭羅在《湖濱散記》中提到的：「對生活在自然中並依然保有豐富感覺的人而言，眞正的憂鬱不可能來臨。對健全且單純的耳朵而言，暴風雨就如狂風彈奏豎琴一般迷人。（……）我享受自己與季節之間的友誼，相信沒有任何事物能使生命成爲負擔。」

大自然的美不僅給予我們判斷的權力，它還使美感充滿於我們心中，讓我們能夠相信自己。這裡的機制有些複雜。究竟爲什麼單純欣賞大自然的美，就能讓我們得到自信？眼前所見的美麗，照理說都只是形式，因此流於表面。爲什麼這些美竟能如此深刻動人，給予我們平靜甚至自信？

事實上，欣賞大自然能讓我們轉換觀點，重新審視事物之間的關係。面對大自然浩蕩的美，在曙日升起的奇蹟時刻，整個世界好像在我們眼前浴光初生，我們於是得以與自己的煩惱拉開距離。在朝陽神祕的光芒之下，我們的憂愁瞬間減輕了重量。

但事情不只如此，這份美感中尙有一種超越自身存在的力量，而我們正是對這種力量有信心。我們不是欣賞外界的美，而是感覺到自己被一種既屬於我們、又超越我們的力量所滲透。因此，我們不再是世界之美的旁觀者，而能意識到自己存在於世界上的事實。大自然不是我們想盡辦法剝削、利用、盈利的對象，它是我們的家園。若生活在世界上的同時能有歸屬感，我們就更容易獲得自信。

「爲什麼我們要談論自信呢？」愛默生說，「單純談論信心是種貧乏且浮泛的表達方式，我們應該談論信心的來源，因爲這才是實際存在並能起作用的部分。」對愛默生而言，我們一旦脫離搖擺不定的焦慮，重新回到大自然的平靜懷抱中，就能夠感受到「信心的來源」與「實際作用」的神聖力量。

愛默生所稱的「神聖力量」，在斯多噶學派中被稱爲「宇宙的能量」，在基督教中被稱爲「上帝」，在浪漫主義中被稱爲「大自然」，柏格森則稱其爲「生命衝力④」。但不管如何稱呼，我們想像自己與天空融爲一體、觀看糾結的葡萄藤與其上累累的葡萄、欣賞向日葵每天充滿活力地轉向太陽時，所感受到的正是這份力量——這份「存在於大自然之美中並產生作用」的力量。

我們終於理解到，自信心並非只是單純針對「自己」的信心，更是對大自然運作力量的信心、對這份穿越自然之美的信心。自信永遠都包含了對自己以外事物的信心。就像孩童因爲信賴他人而相信自己，美所給予我們的信心，也是對大自然力量的信心。這份力量在大自然中震盪不已，使其充滿了美麗的景象。

面對曾經撫慰過往一代又一代人類的大自然，認爲它「好美」的這份感受，等同於對所有人類的信心，因爲我們相信人類能夠在這樣的美之上建立共識。我們在自身內部感受到和諧狀態，讓自己也想與其他人類維持和諧。雖然這樣的和諧大概難以眞正達成，但在心中升起這種情緒的瞬間，我們強烈地相信它，並眞心誠意地希望它能夠實現。「好美」是我們心中的一份信念，也是一封讓人類學會分享的邀請函。

因此，自信同時是對於其他事物的信心：對美的信心、對自然力量的信心，以及對人類能在諸多差異中依然達成和諧的信心。

自由攀岩者派翠克·艾林傑是極限運動員，同時也是一位審美家。他完全革新了徒手獨攀的方式，在沒有任何安全輔具的情況下，攀爬過諸多世界高峰裡的光滑峭壁。他攀岩的過程充滿了驚奇，在一部以他爲主角的紀錄片《指尖上的生命》中，只須看一眼，就會震懾於他精熟的技巧、純粹的能力。他不依靠任何器具攀岩，只穿一件T恤、

④ élan vital。由柏格森提出的概念，指人類不斷創進、綿延不絕的生命力。

一條短褲，然後在背後掛一小袋滑石粉。艾林傑攀岩的姿勢非常完美，尤其是在雙手間轉移重心的時候。他將一隻手伸到背後，探進裝滿滑石粉的袋子裡，此時此刻的他懸吊在半空中，唯一的著力點是一隻手——更精準地說是幾個指尖——但是他看起來似乎絲毫不費力。

藉由紀錄片與訪談，我們得以進一步了解他的生活：他住在一輛木製篷車中，漫遊在壯麗的山川間。我們得以理解，對大自然之美的欣賞，是他準備攀岩工作的核心。他眞的如字面上所說的「生活在美景中」，與大自然的力量融爲一體。艾林傑除了必須針對肌肉強度與身體柔軟度做適當的訓練之外，其他的時間裡，他都讓自己沉浸於碧藍的天空、雄偉的山峰與傲然的山脊之間，與大自然進行親密無間的對話。

他能夠獨自出發，在沒有夥伴也沒有安全器材的情況下，進行非常危險的攀岩。這份信心從哪裡來？很顯然地，他對自己的能力與經驗有信心，也對大自然有信心，因爲大自然之美曾給予他力量，並伴隨他度過無數個日夜。我們無法清楚地區分艾林傑究竟是從其能力得到了信心，或者是從周遭環境——從自然景物、世界的均衡中得到自信。而美不僅是信心的指引，更是證據。

即使我們不會徒手攀登世界高峰，但對我們而言，艾林傑依然是寶貴的例子。

他讓我們知道，依靠自己、盡力開發自己的天分，與依靠比我們更崇高的事物，兩者間不相互違背。

他讓我們知道，在自信背後還有一種更模糊、更隱密、更深刻的信心，也就是對於他者的信心。

他讓我們知道，我們應該讓自己被美所啓發，因爲美可能是生命中最好的嚮導。

第五章

決斷

困惑中的自信

「智者在綜覽全局時，考慮的不是結果，

而是他下的決定。」

——塞內卡，古羅馬哲學家

在躊躇猶豫、難以決斷時，我們總認爲這是缺乏資訊、數據或知識所致。但這樣推論是錯誤的，因爲我們多半只是缺乏信心而已。就像前一章提到的美感經驗，我們能夠確定哪一條路徑「好美」，並不是因爲提出了不可辯駁的論點，而是因爲我們能夠自我傾聽、相信自己。

一位年輕女性得到一份夢寐以求的工作邀請，她卻猶豫不決。她現在擔任的職位並沒有什麼發展性，但是她活得很舒適：足夠的薪水、友善的同事、上班地點離家近、工作有保障。這不是她心中最想做的工作，但其實已經夠令人滿意。

而她即將得到的新職位是一份她希冀已久的工作，可以讓她發揮自己的長才，但這是一間新創公司，離她住的地方很遠，她對新同事一無所知，而且新工作的底薪比現在的薪水稍微低一些。她有可能拿到更好的薪資，但前提是公司必須運作良好，於是她猶豫不決。

一邊是安全感與舒適的日常生活，雖然工作上提不起熱情，但至少工作環境平穩友善，讓這位獨自撫養兩個孩子的女性沒有太大壓力；另一邊的工作則是充滿野心，不過對她和孩子而言，風險也更高。她心裡的天秤已往某一邊傾斜，害怕犯錯的恐懼卻使她不敢妄動，眼看日子一天天過去，她仍無法下定決心。該怎麼走出這種困境？該如何成功地做出決定？

「決斷」，其實就是找到力量，讓自己面對不確定性，以便在困惑中依然持續前進。我們可以藉由自我傾聽，彌補缺乏的資訊，也可以先下決定，避免自己踟躕不前。而這兩種方式都需要自信心，需要大膽承擔種種沒預期到的結果——這就是「決斷」的本質，我們被迫在不是百分之百確定的資訊下做出選擇，雖然並不盲目，但也並不清楚。

這樣的困境是生命本質的一部分，因爲我們是自由人，而非遵循程式的機器，我們必須接受某種程度的不確定性，甚至應該更進一步，擁抱不確定性。這位年輕女性正是爲此所困。所有決定都必然帶有風險，我們越能接受風險的存在，就越能做出有效的決定，並享受做決定的過程；相反的，即使我們想盡辦法降低風險，它依然存在，我們只是拖延自己下決定的時間，或者懷抱著恐懼下決定——這樣做出的決定必然是不好的。

生命中本來就充滿了各種需要決斷的時刻，我們不確定自己是否該接受新的工作、搬家、轉換跑道，然而沒有人可以代替我們做決定，我們必須自己面對生命中的種種選項。如果無法充分培養決斷的能力，此生將碌碌無為，生命將從指縫間溜走，並且一併帶離我們的自信。可以說，「決斷」這門困難藝術是自信不可或缺的一部分。

哲學在此有一些用處，可以幫助我們理解「選擇」與「決斷」之間的不同。人們常將兩者搞混。這兩個詞彙的確常常被當做同義詞使用，但是其後的邏輯卻大不相同。

「選擇」指的是用理性邏輯分析事情，使風險能夠不斷降低，直到像巴爾札克的驢皮那樣消失無蹤①。在兩個度假地點之間，如果在同樣的預算下，其中一個地點客觀上比較符合期待，我們就會選擇這個地點。這樣的選擇並不需要自信，只要單純的計算與比較就可以勝任。若是兩個地點因為不同原因而顯得同樣誘人，以至於無法用客觀條件評定優劣時，我們就必須做個「決斷」。

「選擇」立基於理性的條件上，等於是替我們的行動裝上一層保險；「決斷」則是行使自由意志，補足條件不明的部分。「選擇」是在行動前就知道該如何反應；「決斷」則是在知道如何反應之前就先行動。

因此決斷比選擇更自由，不必被迫遵循僵固的條件。但是，這份自由有時卻讓我們感到手足無措。

範例中這位年輕女性的困惑有時會轉變爲焦慮。她對自己的選擇充滿恐懼，如果不換公司，她知道自己的人生大概就是平凡而舒適，但對孩子來說也不是個太有啓發性的模範；如果決定換工作，她知道自己必須承擔風險，甚至會把家人置於風險中。她寧願沒有選擇——事實上，是她的自由使她陷入焦慮。

接受未知，擁抱自信

在職場上，我們常常談到「決斷」，但事實上我們不過只是在做「選擇」而已。只需要遵循合理的邏輯、參考 Excel 圖表、依照習慣或流程就可以解決的事情，稱不上意義上的眞正「決斷」。

「決斷」意味著在竭盡所能以邏輯分析之後，事情仍帶有不確定性，我們無法保證自己的選擇是最合適的，因此會需要「決斷」。在拉丁文中，「決斷」（decidere）一詞的

---

① 此處指稱巴爾札克的《驢皮記》，故事敘述窮途末路的主人公得到一張可許願的驢皮，每次許願完畢，象徵生命的驢皮都會縮小，直到驢皮消失，主人公也面臨死亡。

本意是「切斷」——這可比選擇要困難得多。我們常因此受苦，因爲我們不知道自己必須「決斷」，我們滿心只想要「選擇」，生命卻迫使我們「決斷」。

哲學家維根斯坦告訴我們，有時只須想得更清楚、分辨幾個不同的概念，就可以讓我們活得更好。辨別「選擇」與「決斷」之間的差異，能在小事上幫助我們（例如在餐廳選擇餐點），也能在大事上指引我們方向（例如轉換跑道、選擇伴侶）。在餐廳裡，如果我們想百分之百確定地「決斷」到底該吃放山雞還是烤豬排，可能會讓與自己同桌的人都等到地老天荒。我們必須接受不確定性的存在，才能更快速地下決定。

爲什麼這位年輕女性無法決定自己是不是應該接受新工作？因爲她對其中的不確定性感到惶恐，不論是有意識或無意識，她似乎都在等待某種可以替她分析情勢的電腦程式，幫她描繪出未來、指點迷津。然而這種程式並不存在——也正是如此，人生才有其趣味，但是她卻忘記了這件事。

遺忘是人類的天性，我們太害怕不確定性，因此忘了事事可以預料的人生將多麼暗淡無趣。我們當然有可能犯錯，也當然有可能因此受苦，但這些未知才是人生之所以精采的原因。拒絕未知將改變我們的內心，使我們失去清明的判斷力、無法自我傾聽。反過來說，接受未知能給予我們決斷的勇氣，讓我們有意識地用良好的判斷力做出決定，也讓我們能更平靜地接受自己有可能做出壞決定的事實。

要獲得自信，必須經歷內在的轉變：我們必須發自內心接受不確定性的存在。這是一項困難的轉變，因爲在一般情況下，我們習慣使用聰明才智來降低不確定性。因此在這個階段，我們需要借助哲學和智慧的力量。

有一句斯里蘭卡諺語說：「蒼穹自在心中。」徹底改變自己，正需要從內心開始。人生永遠都有不確定的部分，這是無法改變的事實，然而我們可以改變自己的態度：並非不確定性使我們疲憊焦慮，而是對不確定性的否定。如果我們能夠正面迎擊，一切都會變得比較簡單。

這也是範例中的年輕女子最後找到答案的方式。

她到塞納河邊慢跑，漸漸找到自己的節奏，覺得身心舒暢，然後得以用不同的觀點看待不確定性：「沒有人可以保證成功或預測未來，世事本如此。但我決定要放手一博，我要換工作。」她在清楚自己的行爲動機後下了決定，所以感覺格外堅強——並非因爲她確定自己選對了，而是因爲她已經做了決斷。

接受不確定性，是內心蛻變、智慧增長的第一步。它將進而轉變成一種與自己的共識，讓我們體驗到特殊的喜悅；它甚至能讓我們喜歡上「自己做出的決定不見得是對的」這件事，因爲這表示我們有足夠的膽識承擔風險，況且生命從不像科學那般精確。我們越是可以接受錯誤，就越能夠自由地探索自己下決定的能力。相信自己等同於享受自由，而能行使自由將帶給我們無上的喜悅。

在西方哲學中，有一位哲學家曾經清楚討論過「選擇」和「決斷」的不同——索倫．齊克果。他在《非此則彼》中提到這兩者的差異，以談論他對信仰的看法。他認爲自己的信仰是一種「精神關係」上的躍進，超脫了理性判斷與選擇，因此他的信仰是一種純粹的「決斷」。齊克果嘲笑那些認爲自己「選擇」了上帝的人，因爲這些人將信仰降格爲神學論點、世俗價值，甚至是更糟糕的理性論證。在他的觀點中，這麼做的人既不相信自己，也不相信上帝，因此無法得到自由。

對齊克果這樣一位神祕主義者②來說，信仰上帝是純粹的瘋狂——或許可以說是美麗的瘋狂，但依然是瘋狂的。神學家布萊茲．帕斯卡（Blaise Pascal）的話精準闡釋了齊克果的觀點：「我們無法證明上帝存在，只能體驗上帝的存在。」因此我們沒有任何理由去相信上帝。

回溯人類歷史中的種種暴力、種種人們爲惡時心裡的想像，我們甚至可以找到不要相信上帝的理由。但這也就是爲何齊克果認爲我們可以「自由地信仰」「自由地決斷上帝的存在」。假如上帝的存在可以藉由科學辯證、數學等式或世界的和諧運作等方式呈現，那麼我們將不再相信上帝，因爲其存在只不過是某種知識範疇。但如果上帝的存在無法透過任何客觀論點證明，我們就只能依靠自己的力量去相信上帝。

齊克果因而提出：信仰是一種「決斷」而非「選擇」，他的論點使信仰不再與信條和論證糾纏不清，而是變成自由心靈、純粹信心的呈現。他也提出一項基本法則：一項決定離「簡單理性論証」越遙遠，就越需要自信心支持。

對自己的信心會在某個臨界點，與對其他事物的信心合爲一體。對神祕主義者齊克果而言，自信與對上帝的信仰是同一件事，但這同時也可以是對未來、對他人、對生命的信心。

② Mystic。神祕主義者相信世界上存在超自然的力量，因此宗教可以說是一種廣泛的神祕主義。

日常自信訓練

「決斷」是在不確定性中展現自己的存在，甚至可以說，是在生命中展現自己的存在。每一次的決斷，都能讓我們學會更相信自己。

因此，日常生活所遭遇的大小事件，都可以視為一種對自信心的訓練，就像慢跑熱身一樣，能為日後重大的決斷做準備。訓練自己接受不確定性，能讓自己更快下決定。

每天早上在鏡子前自問：裙裝或褲裝？這件還那件？穿牛仔褲好不好看？當然這些問題有其價值，但它們不應該占用我們太多時間。我們也會在辦公桌前，看著便條紙上的待辦事項猶豫：從哪裡開始好呢？這類型的簡單問題累積起來，可以讓我們在自信的道路上不斷邁進，學會更快速決斷小事，讓每一次的決定都使自己更知道如何行使自己的自由。試想，若是連小事都無法決斷，遇到大事時該怎麼辦呢？「決斷─信心─決斷」是個正向循環：好的決斷能力可以增強我們的信心，而越是相信自己，就越能做出好的決定。相反的，我們越是猶豫，就越難在決策的過程中得到力量，導致終有一天讓外在環境代替自己決斷。

法國政治家亨利・克耶（Henri Queuille）曾開玩笑地說：「『沒有答案』也可以是一種答案。」不做出決斷其實也是一種決斷，但這是一種最差的決斷方式。

我們應該在學校中教導孩子們如何做決定。就以高中來說，許多老師會讓學生「選擇」一個作文主題，讓孩子可以學會快速決斷。老師可以告訴學生：「你並不是因爲一個題目好寫而選擇它，而是一個題目因爲你的選擇而變得好寫，因爲你決定投入。」這樣的練習可以幫助那些對自己不夠有自信、有選擇障礙的學生，不要花太多時間權衡題目的利弊，以爲在精闢的分析後，會突然跳出一個選擇某題目的理由。

很難相信一位政治、經濟的決策者，能夠一路從巴黎政治學院③念到國家行政學院④，卻從沒修過任何一堂關於如何決斷的課程。許多政治學院中，這樣的課程都是選修；在商學院裡，這樣的課程近年來開始風行，但往往被冠上「決策科學」之名，讓人想起「選擇」背後所須的邏輯分析過程。事實上「決策藝術」會是更好的課程名稱。

---

③ Sciences Po。法國最好的政經學院，培養許多政治菁英，如席哈克、奧蘭德、馬克宏等歷屆法國總統。

④ École nationale d'administration。法國培養文官和政治菁英的名校。

我們應該要盡早教育下一代「選擇」與「決斷」的不同，讓他們知道，決斷毋須刨除所有疑問，在困惑中依然可以自由前行。我們要讓下一代知道，那些曾經是人類文明進步的英雄們——甘地、戴高樂、馬丁．路德．金恩——都是在無法確定結果的狀況下，就拿出勇氣做下決定。我們該告訴孩子，他們在面對不確定性時仍然握有自主權。可以用簡單的狀況向孩子展示，坦誠地告訴孩子：「在兩份禮物、兩個工作坊、兩位想邀請的朋友之間做選擇時，要相信自己。現在就做決定，明天（甚至是十分鐘後）不會有相同的機會。重點是，如果你不自己做決定，有人會替你選擇。你比較喜歡哪一種？你該相信自己，因爲就算選錯了，還是會學到東西。你該對自己有信心、對生命有信心。」

在每一次決斷的過程中，我們都可以體認到自信心其實就是對生命的信心。如果不小心犯了錯，我們依然有調整目標的空間。愛默生曾說：「最好的船艦，其航海路線是閃電狀崎嶇迂迴的。」迎向撲面而來的強風，這艘船必須旋轉到適當的方向，才能朝目標前進。我們就像這艘船一樣，必須用螃蟹步前後左右移動，嘗試不同的事物後再做出調整。就像英國詩人波普所說的：「凡人皆犯錯。」這句話並不只意味著要對他人的錯誤採取包容的態度，同時也提醒我們，犯錯是人類學習的必經之途，畢竟先犯錯後改正是學習的唯一方式。對人類而言，強風永遠撲面而來。

「決斷」讓我們走出舒適圈——在我們的生活、工作、日常行為、人際關係中，大部分事情不需要「決斷」，我們通常都有足夠的理由、也夠熟練，可以依靠習慣、知識等做出「選擇」。但我們要注意，熟悉的事物不該妨礙我們決斷的能力，它們反而應該回過頭來變成決斷的基礎，鼓勵我們大膽地跳出慣性。

先安撫自己，然後踏出去冒險；先學會選擇，然後大膽決斷。就像我們之前說過的，自信心是一首兩拍華爾滋。

第六章

別怕弄髒手

實做培養自信

「對他而言，材質是真實存在的——
石片、岩板、木材、黃銅。（……）
一位真正的版畫家，是在其意志形成的幻夢中開始鐫刻。
他是一位工作者、一位匠人，他擁抱了所有創作者應有的光榮。」
——加斯東．巴謝拉，法國哲學家

來說說一位絕頂聰明知識分子的故事：馬修．柯勞佛擁有哲學博士學位，在華盛頓一間智庫中擔任高階主管。他在《摩托車修理店的未來工作哲學：通往美好生活的手工精神與趨勢》中，談到辦公室生活如何在某個時間點令他陷入憂鬱，甚至懷疑自己的功用和價值。因此他決定辭職，並開設一間……摩托車修理店！

柯勞佛的例子展現出，當人們在辦公室裡泡上一整天，卻不知道自己爲何而活、看不到自己實際影響力時，容易就此失去自信。相對之下，藍領階級的工作「需要弄髒手」，但功效立竿見影，意外地帶給我們人格和智識上的成長。柯勞佛用幽默又細緻的筆調，比較這兩種職業帶給他的滿足感，並用令人驚嘆的筆法說服讀者：勞力工作——在他的故事裡是「黑手」這份職業——並不缺乏精神性，甚至有時比其他動腦的工作更能豐富人的內心。

從自己砍掉重練的轉行經驗出發，柯勞佛的這本書替製造、修理物品的職業建構出嶄新的風貌，這是一項被現代消費習慣（購買、丟棄、替換）所威脅，正在消失中的行業。書中述說他如何在滿手油汙中得到樂趣：做一些看得見、摸得著的事情的確實感；在車主給他摩托車引擎時，立即油然而生的的責任感；完成困難修復工作的成就感。這些因素使他重新獲得自信，也獲得了車主來取車時所分享的喜悅——他稱之爲「面對客戶的幸福感」。

愛默生說：「當一個人全心投入、盡力完成工作時，他顯得快樂又滿足；但相反的舉措則會使他心神不寧。」

令人出乎意料的是，這正是身爲知識分子的柯勞佛在修理摩托車的工作中，找到讓他「全心投入」「盡力完成工作」的機會。在此之前，他從未有過這份滿足感。他在智庫中處於運籌帷幄的高位，每天花時間處理權力場中各種微妙的平衡，更必須大量閱讀各種學術論文，並用特定的角度詮釋，以符合智庫的政治立場。透過這份獨特的工作，他體會到許多人在職場上共有的疏離①經驗：執行對自己來說沒有意義的任務。他也遭遇了另一個常見的問題：因爲必須快速寫出文章，他其實沒有時間深讀那些論文，所以最終成果無法讓自己滿意，也無法從工作中得到樂趣。

---

① alienation。又譯作「異化」，哲學上指的是人因為無法發展基本人性，因此與自己及他人都變得陌生、疏遠的狀態。

修理摩托車則與智庫工作完全相反。柯勞佛在處理困難的故障問題時，全心投入與面前的機械纏鬥，深入鑽研修理技術，並藉此得到了樂趣。他重新找到十四歲時身爲電工學徒的那份熱情：執行一項具體的工作並看到成果。他告訴讀者，當年的他每每結束電燈的安裝工作，會在按下開關後宣布：「讓這裡有光②！」並對這樂此不疲。

我們都有過這樣的經驗，在固定好一個書櫃、修好一件家具、上好一層油漆之後，快樂地呼喊：「完成啦！」這其中所包含的愉悅實在大大超過工作的內容。

但在職場上，我們則很少有機會得到同等的樂趣。

與事物的第一手接觸

透過自己重新體驗勞動工作，柯勞佛反駁當代盛行的意識形態：「這個世代所盛行的革命性管理模式，把匠人精神視爲該從勞動力中根除的東西，並將這種意識形態強加在勞動者身上。（……）而受到衆人吹捧的則是來去匆匆的管理顧問，姿態高傲卻沒有任何實際專業技巧。他們就如想像中的消費者一樣，認爲自己擁有能在高空翺翔的自由，因爲相較之下，手工行業是那麼狹隘又瑣碎——就像水電工蹲在水槽下露出股溝一般。」

柯勞佛說的很中肯，事實上，新型管理模式與「在高空翱翔的自由」相去甚遠，這些光鮮亮麗的顧問與高管們從來不曾蹲下來看看水槽下的問題，因此他們的人生常陷入「不知道自己在做什麼、有何目的」的困境。他們缺乏自信的原因很明顯：在受到批評時，提不出眞憑實據爲自己辯護。

麵包師傅在受到老闆責難時，可以簡單地遞上麵包爲自己辯護——在這裡，你自己吃吃看，好不好吃。匠人比較容易從工作中獲得自信，因爲他們的才能可以客觀地藉由實物和產能來評斷，他們甚至有時賺得比某些中低階層的白領還要多。我們都曾經遇過那些脾氣暴躁的水電工——事實上，他們根本就不需要我們的稱讚，也不需要我們的喜愛，修好漏水、接上電燈，這對他們而言就足夠了。

閱讀柯勞佛的書讓我們知道，現代生活的什麼地方讓我們感到不自在：在生活和工作中，「做事情」的機會越來越少。車子拋錨了就開去修車廠（但是現在的修車工人，

② And there was light！原文借用《聖經》中「上帝說『要有光』，就有了光」的下半句。

花在螢幕前的時間也比轉螺絲的時間多啦），但未來有了自動駕駛之後，我們甚至不需要把車開去修車廠；如果手機或電腦壞掉了，修理程式會自動跳出來想辦法，如果下載、更新還不能解決問題，就丟掉買新的；冬天時爲了保持屋內溫暖，我們只需要轉一下暖氣開關。

即使才進入現代社會不久，人類已經不再進行從前生存所須的日常動作：砍柴、搬運柴薪回家、放進火爐裡、鼓風讓火爐燒得更旺；我們迷路時，不再展開地圖或停下來問路，而是打開GPS。如此一來，我們失去了與事物的第一手接觸。

網路讓我們連結遠方，卻也同時使我們失去了與「實做」的連結，手指滑過螢幕表面的同時，我們自己也滑過事物的表面。愛默生說：「文明人建造了馬車，卻失去使用雙腳的能力；他被拐杖支撐，卻沒有被自己的肌肉支撐。」忘記如何走路的人是不可能得到自信的，看我們在iPhone沒電時有多驚慌失措，就可以知道數位拐杖失靈時，我們不再擁有前進的能力。

有人詢問法國哲學家米榭．塞荷：「現代世界發生過的最大轉變是什麼？」塞荷毫不遲疑地回答：「農耕生活的消失。」消失的不僅是在土地上勞作的農人，更是人們動手做，並且知道自己在做什麼的生活方式。在農耕生活中，我們可以清楚地看到自己的勞動成果，並藉此得到尊嚴、身分認同。運氣好的話，甚至還能順便找回自信。

製作桌子的木匠知道自己在做什麼，揉麵後烘焙成麵包的麵包師也是。他們在自己做得好時可以得到更多樂趣、在自己的技術進步時可以感受到喜悅、在客戶喜歡自己的產品時可以感到滿足，因爲客戶讚賞他們的手藝。

而今日，我們卻與這種簡單、直接、立即見效的工作漸行漸遠。在辦公室裡，我們不願意「弄髒自己的手」，寧可把時間花在開會、面對螢幕、處理信件、塡寫表格。我們努力達成與最終成品無關的工作目標，有時我們甚至看不到最終的成品，或者不願意接觸最終的成品，因此也無法透過工作成果，看見自己努力的痕跡。

現今職場的工作績效考核標準，是主管設定的一系列階段性目標。我們必須遵守程序、確認下屬的工作進程，然後向上司匯報。在這樣的架構下，我們其實很難定義自己的職業。一位匠人每天晚上告訴孩子自己今天工作的內容，孩子可以理解父母親一整天在做什麼；而許多高階主管的孩子卻無法理解自己父母的職業。一位七歲小女孩在我爲小學二年級學童開設的哲學工作坊裡對我說：「我媽媽的工作是開會。」

先前談到「把工作做好」，這是什麼意思呢？我們談的是「技藝」嗎？如果不知道自己在做什麼，該如何感到自豪？如果不知道工作所須的才能是什麼，我們如何對自己的才能有自信？工作上的壓力、過勞和憂鬱人數的攀升，都和傳統職業的消失有關。程序和階段性目標成為現在的職場重點，因此唯一能夠衡量「成功」的標準就是金錢。然而金錢只是一種虛幻的補償品，沒有做出任何實際貢獻的空虛感，是無法用薪酬和更多消費機會彌補的——如果可以的話，就不會有那麼多高薪白領為職業過勞所苦。

自信由樂趣而生，樂趣則是在我們成功做好某件事時所得到的。如果我們不再「做」任何有形的事情、如果我們的職業不再是具體的「職業」，無法讓我們發展出專業技能，我們將喪失「實做」所帶來的樂趣，最終發現自己既感到疏離又沒有自信。

匠人的喜悅

現代社會的職場出現了兩重危機：工人與基礎僱員害怕被機械取代，而高階主管們則被困在種種程序裡，與實際職業脫節。這些個人的信心危機和職業過勞，都萌芽於現代文明的土壤。

根據亞里斯多德，一份好工作應該要讓投注心力的人能感受到樂趣，此人的傑出表現也應該要能夠被他人直接看見。他也提到，在崇尚「幸福人生」的社會中，每個人都應該要有一份符合此標準的職業或工作。

在《一八四四年經濟學哲學手稿》中，馬克思定義一份理想的工作是：「生產過程可以實現我的個體性與個人特質，因此在工作上，我不僅享受個體生命的彰顯；注視著產品時，我也能感到喜悅。因爲我能看見自己的人格是具體的、可感知的眞實力量。」

注意這位《資本論》的作者在這裡採用的詞彙：「實現其個體性」「享受個體生命的彰顯」「因爲能看見自己的人格而感到喜悅」，這些用語能讓我們聯想到許多與自信有關的譬喻，而我們之中有多少人，能夠幸運地擁有一份這樣的工作呢？

缺乏與「實做」的關係、無法從工作成果中看到自己，此二者使我們產生焦慮。能夠實際上做出一些東西——即使是最簡單的東西——都可以把我們從這樣的焦慮中解放。只要願意捲起袖子、把手弄髒，無論最終的成果是什麼，都可以增強我們的信心。

這裡，令人意想不到的是：其實我們的焦慮或多或少都是關於「死亡」的焦慮，因此在工作上接觸實際物質能衍生出安全感，讓我們與現實世界有所交匯。藉由我們的工作而改變型態的物質，則能夠證明我們活著。如果改變成功，就可以證明自己擁有才能。更進一步來說，如果能夠透過工作證明自己的價值，我們就能更接受「死亡」這個概念——我們的肉身可以死亡，但價值將長存。若做的事情沒有意義、無法透過工作得到直接的認同，我們就難以避免困囿在死亡的焦慮中。

亞里斯多德在其《論動物的組成》（*Parts of Animals*）一書中提到：「人類並不是因為擁有雙手而成為最聰明的動物，他僅是擁有手的動物中最聰明的一種。最聰明的動物是能夠使用最多工具的動物，而手其實不是『一種』工具，是『許多種』。」

柯勞佛實踐了亞里斯多德在兩千四百年前就發現的道理：聰明人動手！以聰明的方式動手，手就得以成為理性的延伸——這句簡單的陳述背後有著深刻的道理：若理性可以藉由雙手延伸，不使用雙手則會合理地導致自我懷疑。遠離雙手勞作的生活使我們失去自信，讓我們遠離真實、遠離「匠人③」的本質。

柏格森認為，人類的本質比較接近匠人，而非我們在生物學上給予自己的「智人」之名。因為人類最顯著的特點不是智慧，而是能夠製作工具，並用工具製作其他物品的能力；我們首先開展的智慧並非抽象思維，而是各種實用製造的方法。匠人擁有聰明的雙手，能夠工作、製造工具、使用工具，在製作物品的過程中，我們也一步步製作了自己——人類發展史上不同的時代正是以使用的工具命名（石器時代、青銅器時代等），這些工具改變人類的生活方式，幫助我們進步。

我們天生就是要構築、操控、製作、體驗，以不同面向與世界接觸，並藉由改變物質的型態來改變自己。憑藉與物質的關係，我們的精神才得以顯露本質。這也就是爲什麼我們不動手時，會覺得迷惘、覺得不了解自己。現代社會中重新興起的烹飪、DIY、自己修理物品等風潮，其實有非常深遠的根源。

近年來，許多商業學校畢業的年輕人及大企業的高階主管，都決定要追求匠人的生活，他們去考烘焙師執照、糕點師執照、木匠執照等等，踏上未知的冒險旅程。丟下公事包然後開間餐廳，或拋棄執行長的頭銜成爲起司製作者等案例屢見不鮮。

---

③ Homo faber。此概念由古羅馬思想家克勞狄首次提出，相對於智人（Homo sapiens）。匠人意指人具有勞動與實踐的能力，可以完成工作，並由此向高層次發展。

不是每個人都必須徹底改變生活方式，我們只須學會弄髒手就可以了。嘗試繪畫、陶藝、自己修理家具、種植花草，這些行爲都能幫助我們重新得到動手的喜悅。用你的雙手、你的聰明才智及你的心來做事情——保證能讓你找回自信。

第七章

起而行

行動讓你獲得自信

「行動的祕密，就是要能夠開始。」
——阿蘭，法國哲學家

一位年輕男孩正在為夜晚的愛情生活做準備，他很緊張，因為這是他的第一次。躺在身邊的女孩讓他魂牽夢縈，他愛慕她很長一段時間，也覺得她應該經驗豐富，而現在機會來了，自己卻是白紙一張，他的自信該從哪裡來？

首先，行動可以帶給這位男孩自信——親吻與撫摸，這是在他手心唇邊、可以掌握的眞實，他必須一步步實踐愛撫與性行為之後，才能獲得自信——自信是行動之後才能得到的，而非行動之前。自信也來自於他與這位女孩的關係，如果他想要扮演經驗豐富的男性，可能反而會困住自己，無法找到這段關係中正確的施力點，甚至失去行動的能力。如果他可以反過來承認自己是第一次，讓女孩引導他，女孩會給他信心——女孩的信心則會成為他的信心。

自信就是在這樣的過程中自然培養，只需要行動就能漸漸累積。我眞希望自己當初知道這點。

許多年輕男孩的第一次都是悲劇，因為他們滿心希望自己表現良好，在心中喃喃自語，希望可以獨立完美演出。但他們將受到失敗的懲罰，因為他們不夠相信伴侶、沒有讓女伴發揮、沒有正確判斷眼前正在發生的事。他們的失敗來自於將自信定義為「自己的事情」。但我們並非單獨生活在世界上，如果我們有哪個時刻必須謹記這件事，必定是談到性的時候：在性生活中（比起在其他任何領域都明顯），只有行動能使我們得到自由。

心理醫師、教師、體育教練及正向心理學①的理論建構者都認爲，自信必須藉由行動養成，但這句話也經常遭到誤解。我們並非與世隔絕的單元體，需要藉由單純的行動來開發身上的技能。事實上，「藉由行動獲得自信」這句話本身，就暗示了自信並非屬於單獨個體的信心，必須藉著與世界接觸才得以漸漸達成。

這個接觸的過程對我們而言不算熟悉，更可能隨時碰上意外，卻能因此習得豐富的經驗。透過行動，我們可以探索眞實世界中的機會、發現意想不到的資源、認識不同的人，並從他們身上找到解決問題的方式；我們也可能發現事情比最初想像的簡單許多，甚至發現自己運氣不錯。因此，自信並不只是單純地相信自己，同時也是信賴相遇的他人、接觸到的這個世界——此二者唯有透過行動方能達成。

①心理學的一個分支，研究個人長處、建立正面情緒和品格等有關人類幸福的理論和實踐。

這其中的分寸是獲得自由的關鍵。

處在因缺乏自信而備受限制的狀況下，我們很容易把「行動」視爲一種矛盾的方針：或許行動眞的可以讓我得到自信，但是我就是缺乏自信啊！我該怎麼奮起行動呢？正確地認識自信，可以移除我們肩膀上的重量，進而了解到：自信並不只是相信自己，更要相信自己與世界的邂逅及其結果——有時我們夠幸運，有時又沒那麼好運，而這些往往無法預期，因此不必憂慮。

以行動迎來信心

要替自信心哲學辯護，可以談談斯多噶學派②的首要原則：並不是所有事情都與我們相關。我們能夠決定世界上某些事，對另一些則鞭長莫及。斯多噶學派的思想，從馬可・奧理略到塞內卡的理論都是建立在這個觀點上。

我們當然該在自己能決定時，盡己所能地行動。但是自信也意味著，我們必須相信行動能改變自己原本無法觸及的事情。在缺乏自信、承受過大壓力的情況下，我們往往會發展出錯誤的觀點，而忘記斯多噶學派的信條，大膽地以爲一切都該盡在掌控之中——這種想法百分之百會讓你的第一次慘烈無比。

讓我們從勇於行動的前輩身上得到一點靈感——探險家、開墾者、企業家，這些人即使在行動之前會花很長的時間思考，卻依然相信「行動」本身，或直接、或間接地擁有讓世界轉動的力量。他們知道自己的行爲可以重新建構身處的世界、創造更多該把握住的好機會。即使盡全力掌控自己能決定的事情，還是有許多外在因素不在他們的決定範圍中，而這些因素既有可能是自信毒藥，也有可能是信心仙丹。

在行動之前，他們仔細地敲定了路線、精確地做了商業計畫，但他們也知道「行動」本身就會改變事物的參數：或許屆時必須改變路線以避開雷雨、以享受較好的天氣；或許必須在新產品上市的同時，對前一版進行修正，也可能要反過來投注更多資源在剛剛上市的產品。這些決策必須依照外在世界的反應調整，而這正是企業眞正的精神：能享受預期事物，同時也喜歡其中不可預期的部分。

② 古希臘羅馬哲學派別之一，認為神、自然與人為一體；神是宇宙靈魂和智慧，其理性滲透整個宇宙，人則是宇宙的縮影。

從外部的觀點來看，許多企業家和探險者像是從「自信」這塊頑石裡蹦出來的，但是近距離觀察便可得知，他們往往不會掩藏心中的懷疑與曾經的失敗。而在懷疑與失敗之上，他們依然對「行動」保持信心、對接觸世界後可能發生的一切保持信心。他們知道——就像馬可．奧理略說過的一樣——人們不能永遠將事情的結果操之於手，在面對宿命的未知時，他們不會沮喪屈服，而是張開雙臂歡迎。

我注意到，具有企業家精神的人，往往喜歡擔任中間人的角色，甚至不需要在其中實際得利。這是因爲他們認爲兩件事的碰撞可能會非常有趣、可以創造新的可能。他們喜歡在事情不確定時賭上一把、喜歡開啓一項或許能通向美好未來的冒險。大膽的人都知道，運氣是可以激發出來的。

一位年輕的高階主管與老闆商談，希望可以增加自己的職責；一位電影工作者敲響崇拜導演的門，展示自己的作品——我們不要誤會了這些大膽踏出第一步的人們背後的勇氣，他們的行動不一定是對「自己」的信心。實際上，他們是對「行動」這件事有信心。

伊莎貝．阿言德（Isabel Allende）成長於智利，在成爲她的時代裡最廣爲人知的小說作家並囊括超過五十個文學獎項之前，每當她談論自己的夢想，身邊的人都會說：這是不可能的事情，因爲她是個女孩——她或許是阿言德總統的姪女，但她終究是個女孩。

她的成長過程中充滿諸如此類的不平等現象。那是個男人的世界，沒有任何値得效法的女性典範。當她還是一位年輕的女性記者時，曾被派去採訪詩人聶魯達，她大膽地沒有依照訪綱，讓訪談自然地進行。根據她的報導，聶魯達在某個時間點打斷她：「妳看，妳一直在說謊，妳發明一些故事，然後把人們沒有說過的話塞進他們嘴裡。這對新聞行業而言是缺點，但對文學創作來說卻是優點。所以我建議妳，孩子，妳該走向小說寫作。」

若不是這次相遇，阿言德可能一輩子都不會成爲小說作家，然而在此之前，她曾猶豫過是否要接下這次的訪談工作，因爲她不覺得自己有資格這麼做。所以她並不是因爲充滿信心才接下訪談，而是因爲做了這次訪談才找到自由，自信則是在訪談中間產生的。舞臺劇演員也有同樣的怯場經驗：他們是站上舞臺之後才有自信，而非上臺之前。

如果我們失敗了，或是表現不如預期，至少我們曾經嘗試。

我從學生身上觀察到這件事：無法嘗試的窘境將使人一點一滴喪失自信。我有時會要求學生用幾近即興的方式，針對一個困難的問題口頭發表看法。那些願意嘗試的學生即使不一定能夠應付這麼難的課堂練習，卻依然漸漸累積出自信。對其他人而言，這些學生至少曾經嘗試邁出腳步，因此值得驕傲。

藉由嘗試，他們發現自己可以產生新的想法、得到預期之外的靈感，不需要眞的解決問題，就可以得到滿足感與成就感。相反的，一直拒絕嘗試的人不可能得到自信，他們拒絕接觸眞實世界，因此不可能有機會找到新的出路，只能在惡性循環中反覆拒絕行動、錯失找到自由的機會，讓自己被焦慮淹沒。

理解「行動」的好處，意味著不要只把行動當做思考的結果。我們是經過許多世紀以來的柏拉圖主義、西方理性主義薰陶下的產物，認爲行動的價值低於知識活動和理性思考，所以難以理解「行動」本身帶有的原始力量。雖然行動之前通常需要思考，但是這並不會貶低行動的價值，否則我們早就無法擁有足夠的自信去行動，只會在想到無法完全消除不確定性時害怕顫抖。（而我們說過，「思考」永遠無法完全消除不確定性！）

「行動」並不只是付諸實行一項經過成熟思考的計畫，而是一場相遇：不太確定的人與一個部分可預期的世界不期而遇。行動的眞諦無法在行動前的思索中尋得，只能在行動中體會。「行動的祕密，就是要能夠開始。」法國哲學家阿蘭就這麼提醒我們。

別忘記，從人類出現開始，我們就必須勇於行動，才能在充滿危險與威脅的土地上存活。比起柏拉圖與理性主義，我們服膺於這種生存本能的時間更長，且至今不衰——當我們強迫自己鼓起勇氣、克服怯場，以接近心儀的對象，或在公眾面前發表演說時，「行動」可以喚醒我們身上的原始戰鬥力。這是獲得信心的關鍵。

心理醫師、教師或教練在解釋「行動」對信心的意義時，沒有強調行動是接觸眞實世界和他人的方式。「行動」往往太過於與「意志」掛鉤，成爲衡量能力或發展知識的媒介，甚至有時會被降低到意志訓練的層次。然而行動的意義遠不止如此，行動的本質是接觸世界，它很可能比我們想像得更溫柔善良，因此行動同時也是給自己一個機會，得以驚喜地體驗到世界的美好。

讓存在踏出自我

身爲一個行動派的哲學家，談論自信時，我採取的是「存在主義」而非「本質主義」的看法。在本質主義的觀點中，對自己有信心等同於相信「自己的本質」，而本質就是我們內在不可分割的核心、永不改變且至高無上的自我。這種觀點被許多談論信心的影片採用，並在YouTube上廣爲流傳，但其實大有問題。

沒有任何證據可以顯示，確實存在著這樣固定的「本質性自我」。佛洛伊德學派、現代哲學、神經科學與正向心理學都同意一件事：自我認同是多元、複數、不斷變化的。這大概可以安慰那些爲缺乏自信所苦的人：固定且永恆不變的「我」並不存在！我們也不可能不存在，因爲人本來就不應該以「存在」的角度被討論。

信心危機常常是因童年創傷而起，例如曾經被貶低、被當眾侮辱、被當成平庸的人對待，而古典哲學上處理「存在」（being）和「改變」（becoming）的部分，能夠協助我們解決這個問題③。我們並不「存在」，因爲事實上，我們處於不斷改變的過程中。對自己沒有信心？沒關係，對未來的自己有信心就夠了。

將「自信」視爲相信自己某種深層的本質存在，也可能讓我們錯失生命的美好。

生命之所以動人，並不是因爲它讓我們一層層剝開天生存在於自己身上的能力，而是因爲它提供了機會，讓我們不斷自我創造，從低谷中彈起、在不如意時轉向，發現自己的新潛力。這是件好事，因爲這麼做的同時，我們可以獲得自由。如果生命的意義只是展現某種固定的「本質」，那麼本質就會先於存在，這與沙特的「存在先於本質④」正好相反。沙特認爲存在首先發生，而我們必須將信心建立在這個「存在」之上，而非某種假想的「本質」——本質只有在我們死去、無法再對自己的故事添加筆墨時才會成形。

「存在」就是跳進水裡，好好認識他人與世界——體驗種種阻礙，並藉由轉換觀點，讓它們變成機會。只要邁步前進，會接連發生許多有趣的事情，我們能夠發揮各種力量、遇到能幫助自己的貴人（雖然這可能不出於對方本意）。到最後，相信「本質性自己」這件事就會不攻自破。

因此，「行動」事實上是邀請自己的「存在」跳支圓舞曲，讓「存在」可以踏出自

---

③ 西洋古典哲學中的存在（being）具有不變的本質，而改變（becoming）則是在兩個存在之間的過渡狀態。

④ 西洋古典哲學認為，先有某一不變的本質，而事物憑藉此本質存在；沙特提倡的存在主義則持相反意見，認為存在本身並不帶有任何價值判斷，本質是經由行動累積而成，後於存在。

我，讓它可以盡情享受而非自我拘束，而不去假想「自我」具有某種固定的價值、涵藏某個不變的本質。沙特的名著之一《自我的超越性》，事實上正是在討論自我的價值在於「超越」——而超越發生在自我之外，必須透過行動的能力、與他人的關係、參與生命的舞會才得以實現。

因此，不要對「自己」有信心，要對「行動」創造出的世界接點、對自己能掌控和不能掌控的種種事情、對「行動」正在改變的眞實世界、對「行動」可以創造出的機會有信心。尤其要對即將遇見的男男女女有信心，他們可能會給我們想法、建議、希望，甚至是給我們愛情。

第八章

仰慕
自信與模範

「我無法閱讀不是模範的哲學家所寫出的作品。」
——尼采，德國哲學家

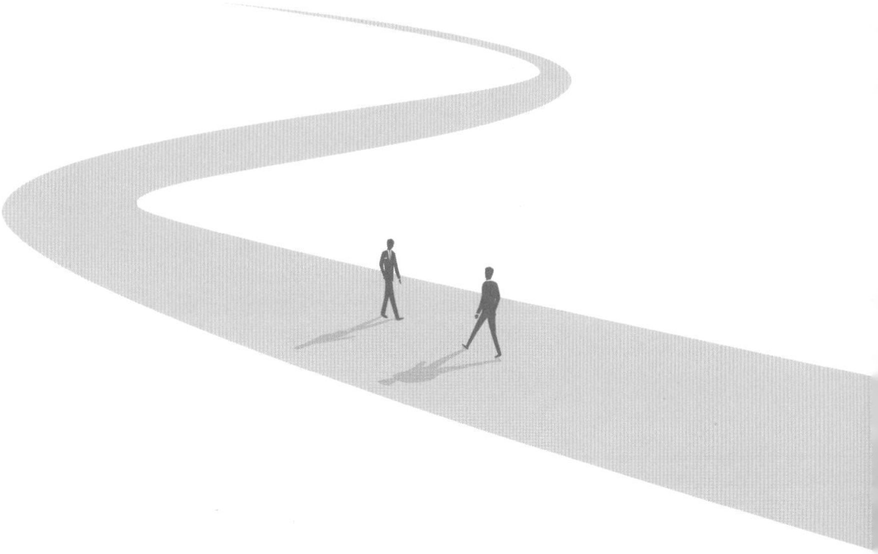

喬治．桑發表第一本小說《安蒂亞娜》時只有二十八歲，這本僅僅花費一個半月就寫出來的書，很快便贏得文豪巴爾札克、夏多布里昂等人的讚美，雨果和繆塞也接著加入稱頌的行列。

喬治．桑（本名奧蘿爾．杜邦）邁進文壇的第一步就引起軒然大波。當時最尖刻的評論家聖伯夫（Sainte-Beuve）在閱讀了她的第二本小說《瓦朗蒂娜》（在《安蒂亞娜》出版之後幾個月發表）之後，也爲喬治．桑的才華傾倒，並將她與十九世紀天才作家施達爾夫人（Germaine de Staël）相提並論。

從第一本小說開始，喬治．桑便積極提倡女權，並鼓勵女性「走出家庭的壓迫」。而除了透過小說內容、筆法和主題發聲，她也在個人生活中伸張女權。爲了滿足寫作的渴望以及對自由的信仰，她大膽向丈夫要求離婚——她的丈夫杜德萬是一位年輕的男爵，兩人育有兩個年幼的孩子。喬治．桑對丈夫並沒有特別的責難，但是夫婦之間沒有默契，男爵對文學更一無所知，這使她感到無趣。

要了解離婚這個決定的眞實意義，我們必須回想當時的社會情況：在那個年代，離婚是非法的，喬治．桑所有的財產，包括她繼承位於諾昂①的家族莊園，都在她結婚的那一天變成丈夫的財產。即便如此，喬治．桑還是堅決離婚。在經過一段漫長的訴訟之後，她成功地合法離婚，甚至還取回了諾昂的家族莊園——之後這裡成爲她宴請許多作家、畫家與政治名流的地方。與此同時，她在巴黎與同是小說家的愛人朱爾．桑德（Jules Sandeau）同居，喬治．桑這個筆名正是她從桑德的姓氏中得來。

她穿梭在不同國家和不同男子之間，她的情人名單裡有許多十九世紀最偉大的天才：文學家繆塞、音樂家蕭邦（兩人同居了九年）、版畫家芒梭（Alexandre Manceau）、作家梅里美（Prosper Mérimée），或許還有幾位女性。喬治．桑一直維持經濟自主，並拒絕任何人金援，也拒絕被稱爲「女性作家」（因爲她認爲人們應該只對她的作品提出評價，而非她的性別），這樣的態度開啓了女性主義的先河。

政治上，喬治．桑也展現同樣的性格。她首先在一八三〇年成爲共和黨員，後來又成爲社會黨員，她寫詩讚揚勞動階級、寫小說描寫當時的社會問題，這些作品與她前期描寫女性英雄（安蒂亞娜、法黛特、貢蘇羅）的女性主義作品一樣，在文壇大獲成功。

① Nohant。法國中部中央－羅亞爾河谷大區中的小鎮。

能夠跨越不同小說類型、尋求自我才能的新發展，是喬治．桑擁有自信的最好證明。身為一位多產的作家，她同時也創作短篇小說和劇本，一生中在文學評論家和大眾之間都廣受歡迎。聽聞《兩個世界評論》（*Revue des deux mondes*）這本文藝月刊認為她的作品太極端，喬治．桑立刻著手創辦自己的雜誌，並與哲學家皮埃爾．勒魯（Pierre Leroux）一起，將新雜誌命名為《獨立評論》（*Revue indépendante*）。她也曾經身為戰地記者，並創辦報紙《人民事業報》（*La Cause du peuple*），雖然發行時間並不長，但沙特一九六八年將其重新復刊。

在此之上，喬治．桑還是一位好母親。孩子的幸福對她來說是極端重要的，她提及自己有一種由衷的「對子嗣的熱愛」，而她在對子嗣、對文學和對自由的熱愛之間做出了平衡的調和。

喬治．桑的人生很圓滿，在各方面都有充足的自信，能夠大膽行動，不斷突破和創造。我們不禁想問：她的自信從哪裡來？

讚賞名單

閱讀喬治．桑的傳記，會發現她幼年時期的生活充滿了混亂：四歲時父親因意外去世，而後爲了爭取監護權，祖母將幾乎不識字的母親一狀告上法庭。最終祖母獲勝，因爲她出身富裕、有良好的文化素養、深受啓蒙運動精神影響，這樣的人會比一個貧窮、不識字的寡婦更適合養育孩子。

小奧蘿爾四歲時就受到雙重打擊，失去父親且必須離開母親。她的母親以每月一筆接濟爲交換，放棄撫養權。甚至可以說，喬治．桑的祖母從她的母親手上把她買了過來——這可不是什麼利於培養孩子信心的好方法。她於是在知識淵博的祖母教養下長大，住在充滿大自然之美的諾昂莊園中，接受深具人文主義思想的家庭教師授課，並且喜歡在閒暇時騎馬到森林中探索。

喬治．桑的確有著得天獨厚的成長環境，但這還不足以解釋爲什麼她得以成爲一位大膽而自由的女性，充滿自信且毫不畏懼與世界打交道。

透過自己的努力，奧蘿爾．杜邦能成爲喬治．桑，是因爲她非常懂得「仰慕」——

在生命中的每一個階段，她心中都仰慕著特別的人物，也就是那些能夠率性活出自己的人們。這些具有啓發性的模範使她找到肯定自己的力量，因爲肯定他人才能，可以讓她進一步肯定自己的才能。

對他人的讚賞替她裝上了雙翼——她的一生就是這句話的寫照。

孩提時代的奧蘿爾．杜邦極爲仰慕自己的曾祖母路易絲．杜邦（Madame Louise Dupin），即使她從來沒有見過這位在十八世紀法國有著極高聲譽的女性，她依然不斷要求祖母爲她講述杜邦夫人的故事，並狼吞虎嚥地閱讀所有與杜邦夫人有關的文字紀錄。

杜邦夫人開創了啓蒙時代法國最著名的文藝沙龍之一，被稱爲「雪儂梭堡的女性主義者」，與盧梭有著既是好友也是情人的關係。她的自由思想、對哲學和文學的熱情，點亮了整個時代。盧梭很確定，若是杜邦夫人曾經將自己的思想集結出版，她在哲學領域也會有一席之地。「大腦思考，而心下決斷。」她曾經這麼寫——正符合我們對自信心和決斷藝術的看法。

奧蘿爾．杜邦的成長過程中，非常仰慕這位女性，因爲她知識淵博、走在時代前面，並在自己的沙龍裡接待了無數啓蒙運動思想家。

喬治・桑年輕時非常仰慕瑪莉・朵爾瓦（Marie Dorval）。朵爾瓦是一位舞臺劇演員，其特殊的熱情、敏感浪漫的風格革新了當時古典戲劇表演的方式。喬治・桑曾在一封公開信中表達對朵爾瓦的讚賞，那封信中洋溢的熱情甚至讓時人認爲她們之間有戀愛關係（大概是個誤會）。在朵爾瓦身上，可以看到杜邦夫人的所有特質：自由、大膽、突破傳統、女性主義、身心合一。

身爲成功作家的喬治・桑也仰慕福樓拜，他們長期維持書信往來，福樓拜也曾兩度到諾昂莊園作客。喬治・桑非常讚賞福樓拜在《包法利夫人》中展現的才華、在《薩朗波》中展現的煽動力；從《包法利夫人》到《薩朗波》，福樓拜的風格轉換替自己找到了新的可能性。當《薩朗波》這本東方史詩作品受到大衆批評時，喬治・桑挺身而出，寫信給福樓拜：「沒有比迎合大衆習慣的品味更糟糕的事情，這些膚淺、匆忙的人們（……）我說的正是《薩朗波》的大部分讀者。能夠構想並創作出這本書的人，擁有偉大藝術家的熱忱與追求。」

而所有人之中，喬治・桑最爲仰慕的，是後來成爲她心靈導師的社會主義哲學家皮埃爾・勒魯。他提倡「宗教社會主義」，這種人文主義結合了實用和理想，希望基督教的慈善精神能夠在現實社會中發生作用。喬治．桑非常讚賞勒魯提出的進步觀點、對財產的中肯批評，以及對女性主義的看法：勒魯鼓吹兩性在公民權利和社會地位上得到平等，並支持女性擁有投票權；他也對婚姻制度提出許多批判，並且提倡反對暴力。

繼續瀏覽喬治．桑的「讚賞名單」，就更能理解她思想進展的脈絡。她在這些人——自由女性、跨領域作家、投身社會的哲學家——身上找到認同，進而能夠建構自己，得到自我開創的力量。她從這些典範身上學習，透過自己的方式、自己的途徑，成爲她想成爲的人。

不容複製貼上的典範

我們在這裡提到的「仰慕」，並非粉絲和偶像之間的關係，而是一種能豐富人心的欽慕、一種對他人生命歷程的深刻好奇、一種對他人才能的熱切興趣。這種形式的仰慕，可以讓我們更了解自己身上的才能所擁有的潛力。

「仰慕」與「崇拜」不同，仰慕不會使我們沉浸在他人的光環中卻迷失了自己。仰慕是一個自我豐富的過程，因爲這些模範的故事讓我們知道，我們能成爲自己想要的樣子：了解別人如何摘到星星，可以讓我們知道如何摘取自己的星星。

我們常常對此心存疑惑——我們當然有理由這麼做，因爲面對社會慣例、標準、程序等加諸在身上的種種壓力，人們總是傾向順服，畢竟俯首貼耳的生活會簡單一些，不要有事沒事興風作浪。

佛洛伊德在《文明與缺憾》中，很有技巧地爲我們解釋了這件事：社會建立在個體克制其個人特質之上，因此社會的存在代表了標準的存在，而這造成了「缺憾」，因爲個體能感受到此統一的社會標準無視個人特質。所以，我們若突然失去信心，甚至懷疑自己能否成爲想要的模樣，這都是正常的反應。當這樣的疑惑淹沒我們時，就需要找到證據——不是藉由理性分析，而是看到眞實典範——進而確定人可以成爲自己想要的模樣。在這件事情上，受人仰慕的典範遠比長篇大論要有說服力，能拯救我們於信心危機：如果前人做得到，那麼我也可以。

喬治．桑對曾祖母這位「雪儂梭堡女性主義者」的仰慕，讓她知道一位飽學的女性可以在男人的世界中占有一席之地；喬治．桑對福樓拜的仰慕則讓她知道，一位作家可以堅持追尋心中的目標、自我創新，即使失去讀者也無所謂。如果某一天她感到疑惑、開始重複同樣的例行公事，只要想起對於福樓拜的仰慕，就足以使她對抗心中升起的恐懼。

獨特性引起仰慕。

「仰慕」與「尊重」不同，每個人都值得被尊重，但仰慕的對象則是那些能夠活出自我、發揮己身獨特性的人。而既然我們仰慕的是他人的「獨特性」，就不會荒謬地想要依樣畫葫蘆——獨特意味著無法被複製，也正是因爲如此才能夠啓發我們。

喬治．桑沒有在寫作上模仿福樓拜，她有自己的風格、自己感興趣的主題與鍾愛的事物，但對《包法利夫人》作者的仰慕，則使她成爲更好的作家。借鑒福樓拜成爲福樓拜的方法，她成爲了喬治．桑。

她在諾昂的莊園中接待梅里美、德拉克洛瓦②和拿破崙親王③的舉動，並不是模仿曾祖母的雪儂梭沙龍。她並非複製貼上，而是從其中取得靈感。借鑒於杜邦夫人成爲杜邦夫人的方法，她成爲了喬治．桑。

尼采說過，一個偉大的典範正是因爲無法複製，所以能成爲典範。典範就像是在不同的獨特個體之間架起的橋梁。偉大的人物讓他的仰慕者擁有偉大的夢想，如同亞歷山大大帝啓發了拿破崙，而正是因爲無法模仿，所以拿破崙得出自己獨特的樣貌。同樣的道理，藝術家擁有想要創作出偉大作品的渴望，正是由無法模仿過去天才的作品所激起。喬治・桑越是清楚認識到她不可能模仿瑪莉・朵爾瓦、福樓拜或皮埃爾・勒魯，她就越接近自己想摘下的那顆星星。

尼采的查拉圖斯特拉這麼說：「成爲你自己。」

要做到這點，請仰慕已經成爲自己的那些人，不斷地仰慕再仰慕，仰慕許多不同的典範，每個典範都可以使你成長、幫助你前進；每一次的仰慕都會讓你沉浸於一顆獨特星星的光芒；每一次的仰慕都會讓你看到自己可能散發的星光。

尼采也非常善於仰慕，他仰慕哲學家叔本華、音樂家華格納和李斯特；畢卡索仰慕哥雅和馬內；瑪丹娜仰慕大衛・鮑伊、塔瑪拉・德・藍碧嘉④及芙烈達・卡蘿；法國作

---

② Eugène Delacroix。法國浪漫主義派畫家，代表作為《自由引導人民》。

③ Prince Napoléon Bonaparte。拿破崙一世的姪子、拿破崙三世的堂兄弟。

家菲立普．狄雍（Philippe Djian）仰慕亨利．米勒和理查．布羅提根（Richard Brautigan）；前幾章提過的網球選手亞尼克．諾阿仰慕他的父親、亞瑟．艾許和麥克．泰森。這一長串人名不言自喻。

找到典範就是找到前進的力量，仰慕則是跳脫自我，以便更好地回歸自我。

找回對典範的注意力

我們現在太少仰慕他人。社群網站上種種吸引眼球的人物和訊息，搶走我們原本放在典範身上的注意力。我們不再關注那些曾花時間發展才能、找到獨特路徑、獲得名聲的人。

一九九〇年代後期，電視進駐人們的生活之後，媒體頭條與談話節目的來賓名單就充滿了平凡的男男女女。這些人明顯資質平庸，被選上的理由不是因爲他們有任何獨特的才華，而是因爲他們毫無獨特才能，所以電視機前的觀衆能夠輕易地將自己代入。這是人類歷史上第一次，大量不具令人仰慕特質的人物得以登上舞臺——我們可能會想：這或許對自信有幫助吧？至少這些公衆人物不會優秀得讓大家自慚形穢——但事實正好相反，沒有値得仰慕的典範是一件極其不幸的事。

放鬆地坐在電視機前看娛樂節目、滑過社群媒體追蹤眞人秀明星，我們往往一邊放任自己被這些雜音淹沒，心裡一邊諷刺嘲笑。這是一種使自己感到安心的方法，藉由嘲笑這些平凡的人物，我們提醒自己：我知道這些人不値得我的注意力，但我只是需要放鬆一下而已。

然而這份諷刺是種虛幻的保護——滿心以爲自己沒有受騙，事實上這正是被騙的症狀；我們以爲自己很清醒，卻浪費注意力在這些窮極無聊的節目上，讓自己的精神受到汙染。這正是心理分析學家拉岡在某一次研討會的標題：自認清醒。

「自以爲沒有被騙」的認知是垃圾資訊的幫凶，或許我們眞的沒有被騙，然而帶著諷刺笑容看電視的每分每秒，都眞實地從生命中流逝。諷刺絕不是仰慕的方法之一，仰慕是種直接、坦率的情緒。

「成爲你自己」——而且必須在生命走到終點之前做到，畢竟人生苦短啊。仰慕那

---

④ Tamara de Lempicka。波蘭畫家，活躍於二十世紀初期，裝飾風藝術代表人物之一，擅長肖像與裸體畫。

些能夠讓我們自我提升、獲得自信的典範，不要將注意力放在無關緊要的事件與人物身上。今日的諷刺文化把所有事物都放在同一個層次上比較，讓我們無法仰慕任何人。諷刺使世界扁平，而仰慕則層次清晰、高下立判。心懷諷刺、失去熱情的心理狀態是病態的。

在喬治．桑的名作《魯多爾斯塔特女伯爵》（*La Comtesse de Rudolstadt*）中，主角貢蘇羅曾寫下：「給我勞動、疲憊、痛苦與熱情！」因爲她美麗的嗓音、因爲她對大音樂家波普拉的仰慕，這位波西米亞女孩最終成爲偉大的歌手。貢蘇羅的角色中沒有諷刺的戲份——她是如此陽光開朗。

第九章

誠實面對自己的渴望

自信危機的解藥

「唯一能使人歉疚的，是放棄面對自己的渴望。」

——雅各．拉岡，心理分析學家

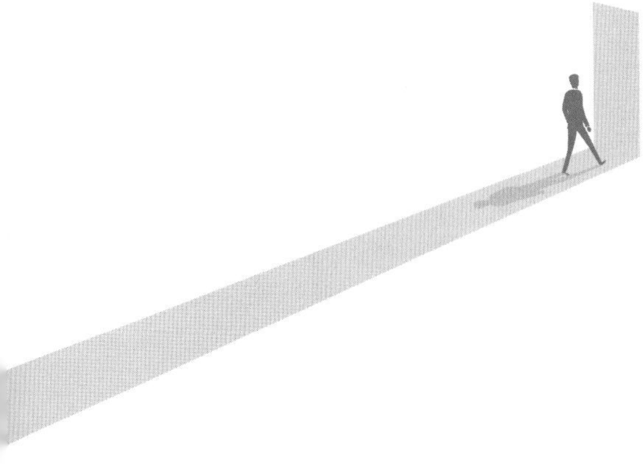

在今日的社會中，我們用無數的方法與他人比較，而這是對自信心最大的損害。在Facebook 或 Instagram 上，永遠有人看起來比我們英俊美麗、比我們富有、比我們受過更好的教育、比我們更交遊廣闊或與時俱進。這些人看起來就是活得比我們好。

我們的上一代沒有這個問題，他們不會隨便坐在沙發上滑手機，看到一堆不屬於自己的光鮮亮麗，進而受到打擊；他們只能跟身邊的人比較。而在同一個群體裡，大家基本上是同一個世界的人，活在遠方不知處的陌生人則永遠是陌生人——別人的星星是別人的星星。

但今天一切都不同了，我們在跨城市、甚至跨國的社交環境中評價自己，這是永無止盡的挫折來源。最糟糕的是，常被拿來比較的往往是那些精心布置的圖片，也因此比較可能是謊言，無怪乎我們每次都比不過別人，只能成爲輸家。這樣的比較只能顯示我們不夠好，卻無法告訴我們如何變好；只能傷害我們，卻無法爲我們指路。

事實上，我們在社群網站上所做的比較，並非建立在雙方客觀、可被定義的眞實世界。我們是拿自己的眞實世界，去跟他人在網路上呈現的世界比較。我們對自己的眞實世界有充分認知、知道眞實人生遠比貼上網給他人觀看的部分複雜；我們甚至也知道，他人放上 Instagram 或 Facebook 的照片都經過挑選、修圖、剪輯，內心卻依然覺得這些圖片很「眞實」，並且情不自禁地拿來跟自己的生活比較。

社群網站上的圖片是種攻擊、是四處擴散的自戀式傷害來源。

我們都聽過那些「網美」的故事，他們在社群網站上向數以千計的粉絲發送夢幻的生活細節，私底下的實際生活卻與浪漫扯不上關係，甚至有些網美還生無可戀地嘗試自殺——但我們還是依然相信雙眼所見的圖片。在時尚雜誌裡的模特兒也是一樣的道理，即使知道照片都經過修飾，我們還是忍不住拿自己那不完美的身材去比較。

種種圖片不斷轟炸，讓我們覺得自己比他人更少出門旅行、賺的錢不夠多、去的地方不夠漂亮、交往的朋友不夠有趣——總而言之，跟這些認識或不認識的「朋友」「網紅」相比，我們的生命成就比較低。社群網站上的雖然都只是片段影像，但因爲每天觀看，這些影像就成爲我們的眞實，會在某個疲累、困頓的時刻擊倒我們。

相互比較這種毒藥更有害的地方在於，它們能夠喚起童年創傷，重新活化我們缺乏自信的問題來源——認爲父母親偏愛另一個兄弟姊妹、心儀的對象拒絕我們而選擇他人、成績在班上敬陪末座的羞恥等等。在法國的教育體制中，排名就是一切，總是在全班面前發還每個學生的作業，比較的毒藥因而早在幼年時期就被埋藏在我們心中。孩子們透過與他人比較——而非與自己比較——認知到自己的價值，就好像成就應該依賴於超越他人而非改善自己。在這些童年場景中，「比較」這件事讓我們受苦至深。「比較」讓我們脫離了自己的眞實生命。

每一個人都獨一無二，其生命的價值是絕對的，而非與他人相較而來。我們每個人都是獨立完整的個體，是一顆顆獨特的鑽石。我們或許可以針對某些社會成就進行比較，但是每一顆獨特鑽石的光采，卻是怎麼樣也無法與他人相比的。認識自己的獨特之處，可以讓我們遠離「比較」這個概念——只有相似的東西才能相互比較，而獨特之所以獨特，是因爲沒有相似物。也就是說，兩個人之間的「比較」是無法成立的。

與他人比較的深淵

「我們總是欲語還休，羞於表達自己所代表的神聖觀念。」愛默生曾這麼說。對他而言，展現自己的獨特性意味著，充分實現自己內在所涵藏的無與倫比神聖想法。因此「跟他人比較」這件事就帶著雙重的矛盾：天生我材，我們每個人的內在都獨一無二，而我們活出自己的方式也都絕無僅有。

尼采雖然是激烈的無神論者，但他肯定愛默生在「人類個體」此一主題上的哲學影響。他將「個體」分爲兩種：

第一種人過著打了折的生活，對自己的存在抱有罪惡感，成爲主流道德和行爲規範的奴隸。他們不斷拿自己跟他人比較，想要知道誰更服從、更適應。這種喜歡比較的疾病只不過是對規範的熱情。

第二種人則膽敢活出眞實的自己、肯定自己的獨特性、表達自己的強烈渴望。這樣的人不會想要與他人比較，他們以自己爲標準自我評判：與昨天、一週前、一年前的自己比較，自己進步了嗎？有背叛自己嗎？還是更接近那顆獨特的星星？有沒有比較像自己想成爲的模樣？這才是眞正有意義的問題。這樣的人只需要一點點進步就可以得到信心，這樣得來的信心也比較不容易在與他人的比較中被腐蝕。

尼采所說的超人——這個概念常常被誤解——不會藉由與他人的關係定義自己，而是藉由與自己的關係定義自己。超人想要與自己更接近，而不是超越他人，更不會認爲自己可以透過貶損他人得到力量。他只會在意自己能夠對生命——對自己的生命——大聲說「好」的時刻有多少，以及這聲「好」多麼發自內心。越能夠大聲說「好」，他的生命就越強大、越充滿喜悅。

尼采把這件事說得很清楚：我們每個人都有成爲超人的潛力。對藝術或某項活動懷抱熱情、開發自身才能、找到適合自己本質的生命道路等，都是這份超人潛能的表現。發展自我所帶來的快樂可以驅趕所有想要與他人比較的衝動。

史賓諾莎說：「快樂是人從較不完美的狀態向較完美狀態的過渡。」我們每天都經歷這樣的過程，這在孩子身上尤其明顯：做自己喜愛的事需要身心一體地投入，而自我成長的喜悅可以幫助我們對嫉妒和憎恨免疫。憂傷則相反，史賓諾莎稱其爲「人從較完美的狀態向較不完美狀態的過渡」，正是在這樣的衰弱過程中，「與他人比較」會誘惑我們踏入深淵。

只有好好認識自己，才能抵抗這份比較的誘惑，避免羨慕和嫉妒的折磨。

比較毒藥的解方

知道自己是誰、在哪裡、心之所嚮是什麼，我們就不會與其他擁有不同目標的人相互比較，也不會誤認爲自己身處與他人的競爭中——他們與我們起點不同，終點也不一樣。

然而，如果並不理解自己、也不知道自己渴望什麼，就有可能將他人的願望全部變成自己的願望。這麼做的風險是，我們容易在無盡的競爭中失足，陷入渴望與嫉妒的漩渦。

如果我夠了解自己，知道自己最深的渴望就是追求自己獨特的天職——一份在智識上令人滿意、讓自己擁有良好生活品質，但不見得有高收入的工作——爲什麼我會嫉妒日進斗金的人？如果我最深的渴望就是與我愛的人在一起，爲什麼我會嫉妒那些左擁右抱的花蝴蝶？

人是群體的動物，當然會在生命中不斷與他人比較，但只要了解並遵從自己眞正的渴望，「比較」就不會傷害我們，也不會影響我們的心志。

「唯一能使人歉疚的，是放棄面對自己的渴望。」心理分析學家拉岡在他的《精神分析學倫理》一書中這麼說。遵從與忠實自己內心的渴望，並非是要忠實自己的本質或身分認同，而是要維持在生命的中軸上，忠實自己的生命追求、自己的生活方式。我們的生活方式往往從個人的歷史發展而來，心理分析用有點神祕的口吻稱其爲「我們的天命」。只要我們違反了這份內心的渴望，就會因爲背離了眞實的自我而感到歉疚；也會因爲與自己的眞實樣貌脫節，變得更喜歡與他人比較、或者喜歡令他人嫉妒。在這樣的狀況下，怎麼可能獲得自信呢？

如果我們無法眞誠面對自己，就不可能獲得眞實的自信，也得不到內在的和諧及伴隨而來的喜悅。忠實地面對自己的渴望，是「比較」這種毒藥的唯一解方。

許多「中年危機」也是因爲無法忠實面對自己的渴望而產生的。人們躺在心理醫師的沙發上，卻不曉得自己爲什麼不開心——他們找不到一個「客觀」理由：既不曾失去親近的人，也沒有離婚，亦不曾在工作上遭遇問題。這些人有時甚至是成功人士，接連不斷地在職場上取得勝利，但是他們卻罔顧了更重要的事情：自己內心的渴望。換句話說，他們對自己不誠實。事實上，低潮是有功能的，它可以幫助人們知道自己究竟想要壓抑什麼——藉由停止索求，人們可以清空內心，讓自己眞正的渴望得以顯露。他們能踏出成功人士的舒適圈，重新認識自己，找到眞正屬於自己的生命追求和生命道路，最終獲得自信。

尤利西斯[1]長途跋涉，但是他始終忠於自己的渴望，所以他是快樂的。他有時也會忍不住屈服於誘惑，但這些誘惑終究無法改變他的終極生命追求。在所有希臘英雄中，尤利西斯是「自知者」的代表，通過海妖居住的海域時，他知道自己會受到蠱惑，因此要求水手同伴們把他綁在桅杆上[2]。

所謂「英雄」，就是自知者，對自己的力量和弱點都有充分的認識。

尤利西斯知道自己好奇心重、擁有一顆探險者的靈魂，卻也更知道自己無論如何都要回到城邦，與妻兒重聚。從特洛伊回到家鄉伊薩卡島的路途很漫長，航線上每經過一個島嶼都是一個新世界，其中更居住著美麗的精靈或恐怖的怪物。在歸鄉的路上，尤利西斯很可能誤入歧途，例如不小心就接受了卡呂普索[3]提出的永生——如果不認識自己

---

① Ulysses。荷馬史詩《奧德賽》中的人物，是希臘英雄，藉木馬計攻克特洛伊。

② 尤利西斯返回故鄉的路上，需要經過海妖塞壬的領域，這些海妖擅長用歌聲蠱惑水手，尤利西斯讓夥伴們塞住耳朵，但是因為他想聽聽海妖的歌聲，於是要求眾人把他綁在桅杆上，以免自己受到誘惑落入陷阱。

③ Calypso。希臘神話的海之女神，曾在尤利西斯回家途中，把他軟禁在島上七年，想讓他成為自己的丈夫。

最深層的渴望，他有可能將自己凡人的生命與神祇的生命相比，並開始嚮往永生；他也有可能在危險面前顫抖，恐懼自己無法克服障礙。然而「知道自己是誰、知道自己要什麼」的這份信念，一直在路途上伴隨著尤利西斯，支持並安慰他。

從這個故事，我們可以得知他對自己的渴望有信心，因此對自己有信心。他對自己有足夠的認識，因此能夠從滿天璀璨的星斗中，拒絕別人星星給出的誘惑，最終攫取屬於自己的那顆明星。

第十章

相信奧祕

對生命的信心

「看見孩子解顏而笑的人，已看盡一生最美的風景。」

——克里斯提昂．博班，法國作家

對生命的信心看似淺顯，卻又難以眞正定義。本書中雖已多次提及，但尚未談論它的本質。「對生命有信心」意味著願意爲未來下賭注，願意相信行動所帶有的創造力，並擁抱生命中的不確定性——這些都是對生命信心的表現，但我們還可以更進一步。

對生命的信心，是相信在所有生命中都一定會有好事發生、人間處處有溫情；是在艱困的環境中依然熱愛生命；是知道生命即使不完美也值得體驗——簡單地說，就是覺得活著是件好事。即使偶有醜惡浮現，我們依然相信在世界某處存在著美好溫暖的亮光，只要輕輕一瞥便難以忘懷。我們不需要知道這道光芒來自何方——對生命的信心不必有憑藉，我們就是簡單純粹地相信生命而已。

在經歷試煉、面對挑戰時，在幽沉的黑夜中，我們能夠藉由回憶起這道光芒，溫暖自己的身心。相信生命就是相信這道光芒，即使它有時可能黯淡，但只要我們活著，它就不會熄滅，我們也就可以相信這道光芒。這份信任可以避免我們對生命感到幻滅，也可以避免在生命令我們失望時感到厭煩；這份信任可以讓我們更能發揮創造力，也可以讓我們更容易踏出舒適圈，與他人交往。

信心可以從能力和人際關係中萌發，但「相信生命」才是眞正的土壤，能夠使信心成長茁壯。

古希臘的哲人們，無論是斯多噶學派還是伊比鳩魯學派①，看待「生命」的方式都與稍晚的基督教觀點不同。「生命」對活力論的支持者柏格森、神祕主義者希勒桑②而言一定也有不同意義。而對哲學家胡塞爾、梅洛龐蒂③來說，生命又是另一回事——他們認爲活著只是基本意義上的「屬於這個世界」而已。

我們個人獨特的感性會讓自己偏好某些看法，但這些哲人的共識是，無論其途徑，對自己的信心最終還是會回歸到對生命的信心。

「存在」的各種面貌

對斯多噶學派的哲人而言，生命是美好的，因爲其中包含了宇宙的能量。他們認爲

---

① Epicurus。古希臘哲學流派，採原子論唯物主義，認為存在著的萬物必定是由永恆不變的原子所構成，否認神的干預。

② Etty Hillesum。猶太裔荷蘭女作家，作品圍繞宗教覺醒。

③ Maurice Merleau- Ponty。法國現象學哲學家，其思想深受胡塞爾和海德格影響。

宇宙是一個封閉的世界，理性且神聖，人類在其中生長繁衍，但無論如何不能與命運抗衡。如果順應命運的方向努力，就能夠乘著命運的水流，輕鬆有所成就；若反過來站在命運的對面，就會遭受失敗，知道命運才是世界的主宰。

我們可以看見，對斯多噶哲人而言，宇宙對人類是友善的：它盛載我們，或指引我們。在這樣的觀點下，我們怎麼能夠不相信生命？我們住在一個和諧的宇宙中，每一個動作都會將我們與此和諧的世界連結，對斯多噶學派的哲人而言，相信生命就是相信命運。

而對伊比鳩魯派的哲人來說，生命從本質上就是美好的，但他們的理由與斯多噶學派的理由正好相反。根據伊比鳩魯或盧克萊修④的觀點——這兩人既是哲學家也是物理學家——所有發生的事情都是偶然的（contingent），眞實世界由偶然相遇的原子組成，因此存在的事物，例如我們的身體、我們喝的水、世界的美景等等，很可能並不存在，因爲它們沒有「理由」存在。因此「存在」這件事是値得慶祝的奇蹟，「我的存在」也同理可證是個奇蹟——在原子的隨機組合下，我也很可能不存在，然而我現在眞實地存在著！伊比鳩魯學派的哲人認爲，相信生命就是相信偶然、相信永無止盡的可能性。原子可以反覆組合再組合，產生物質與生命體；當我的存在並非注定，而生命給了我這個機會時，我怎麼能夠不相信生命呢？

伊比鳩魯學派的觀點也讓我們用更客觀的角度看世界：知道自己的存在本身已經是種勝利，我們就不再會爲生命中的失敗煩惱。更進一步說，組成我們的基本粒子是永恆不滅的。我們身爲個體，生命會面臨死亡，但是這些粒子會組成別的身體，這是對生命與機會的永恆慶祝。當代天文學證實這些古代原子物理學家的看法：我們由星塵構成，身上的電子與中子是宇宙大爆炸時出現的。這些粒子給予我們生存的憑藉，同時也讓我們體驗到永恆。我們身上所承載的生命遠遠超越自我本身，一切都開始於一百三十億年前，並且將會繼續下去。

對基督徒而言也是，在我們身體裡躍動的生命有超越我們的力量。生命是美好的，因爲生命是上帝意志所賜予的。耶穌告訴我們要相信生命，因爲其所須的一切都已存在於世界上：愛不獨屬於天堂，人間有愛。這份信心不是冀望遙遠的未來——只要相信，

---

④ Titus Lucretius Carus。古羅馬末期詩人和哲學家，著有《物性論》。

天國就在人間。這是信心的力量，而「信心」（fiduciam）與「信仰」（fidem）有同一個拉丁字根：相信（fides）。

法國作家克里斯提昂．博班在《枯竭》（*L'épuisement*）中說過：「看見孩子解顏而笑的人，已看盡一生最美的風景。」他充滿詩意的文字告訴我們，上帝存在於最簡單的事物中：孩子的笑顏、老人的皺紋、蜻蜓的振翅、知更鳥的胸膛。對博班這樣的基督教熱忱者而言，耶穌在人世間的短暫停留改變了世界，自此一切都不再與過去相同。他也在《天堂廢墟》（*Les ruines du ciel*）裡提到：「花朵的香氣是從另一個世界傳來的絮語。」這裡提到的「另一個世界」就是神的國度，也同時是我們的國度，只是我們尚未發現這件事。詩就是爲了讓我們重新感受這個美好的世界，而世界承載了上帝的愛，最平淡無奇的事物都帶著耶穌的愛，我們怎麼會對生命沒有信心呢？

在宗教觀點中，相信生命就是臣服（而非控制）——臣服於生命的奧義。

愛默生說：「在無邊智慧的懷抱中，我們接受它給予的眞相、成爲它活動的憑藉。當我們分辨正義與不義、眞相與虛假時，我們事實上什麼都沒有做，只是讓它的光芒穿透自己。」像博班一樣，愛默生認爲信心是讓「智慧的光芒」穿透我們。在辨別眞相或正義時，我們滿心以爲這是出於自己的判斷，事實上卻是上帝的啓發。愛默生說出「我們事實上什麼都沒有做」，正是告訴我們，無論相信上帝與否，自信並不只是一種「掌控」的力量，我們也要學會放手。

根據柏格森的觀點，生命不是宇宙力量或上帝之愛的灌輸，而是「生命力」的展現。生命力是一種原始的創造力，存在於所有生命個體中，使不同的物種能夠存續，也使個體生命得以發展。生命是美好的，因爲生命是純粹的轉變力量，讓植物得以生長、常春藤能夠繞過阻礙；讓狐狸能夠狡猾、馬兒得以快跑；讓人們累積實際智慧、讓偉大的藝術家有才華——同樣的「生命力」，以不同的形式展現。相信生命，就是相信自己身上創造的力量，而阻礙不過是證明力量的前提。

柏格森在《創造性的演化》中說：「喜悅來自於生命的成功——生命又開發了新的土壤、又贏得了一次勝利，喜悅總是帶著凱旋的音調。」成功脫離慣性、開始施展創意能讓我們充滿喜悅，讓我們覺得自己眞實地活著。滿溢而出的喜悅讓我們知道，信心不只是相信自己，更是相信這份屬於生命、與喜悅一起湧出的創造力。

最後，對生命的信心也是對世界的信心。

根據胡塞爾的觀點，誕生在世界中，就是受邀相信世界——我們別無選擇，否則人類不可能擁有生命。從誕生的那一天起，我們就被「託付」給了世界，因此相信生命就是相信世界，並相信這份「信心」是生命的第一要務。若是缺乏這種被胡塞爾定義為「本源」「具有普遍基礎」的信心，我們會發現自己生活在充滿敵意的疏離世界裡，並因此變得瘋狂。對世界的原始信任不是一種決定，而是我們未來所有決斷、所有信任和不信任的基礎。若對於我們所生活的世界沒有這種最基本的信心，我們如何能夠對自己有信心呢？

現在我們知道，為什麼欣賞大自然能讓我們感到美好，因為這讓我們確認自己活在「我們的世界」。有些藝術家擅長描繪這種感受，其作品也因此分外動人。

哲學家梅洛龐蒂認為塞尙就是其一，他在塞尙的聖維克多山⑤系列畫作中，看見人類初次看到世界在面前開展、初次意識到世界之所以為世界的動人光芒。這座山對觀者而言不像是遙遠的物體，彷彿與我們一樣有血有肉、曾經與我們一起在世界的混沌中打滾。這也是為何生態議題如此重要，因為照顧世界就是照顧我們自己。對胡塞爾與梅洛龐蒂而言，相信生命就是相信與我們緊密相連、同本同源的這個世界。

世界不屬於我們，我們屬於世界——因此我們該盡情探索。斯多噶哲人們認爲宇宙的本質是終極理性，宇宙存在的祕密使人目眩神迷；伊比鳩魯哲人們則發展出構築在原子上的物質主義，但他們研究的對象是偶然——也就是生命；基督徒則鍾愛生命的奧義，所以顯得有說服力（如同齊克果和博班一樣），但如果他們反過來想要闡釋這份奧義，就會落入教條和價值觀的窠臼中；柏格森所提出的「生命力」同樣神祕，但那種精神力量能給予物質體生命；梅洛龐蒂提出「有血有肉的世界」概念也同樣具有神祕性，他以塞尚的畫作爲例，揭露出世界原本的面貌：世界就是世界本身，其後是一片虛無、天上沒有天堂、地下沒有地獄，世界就是我們所能觸摸感知的這份厚度。

對所有學派而言，生命都帶有神祕性。單純地將「自信」與掌握度畫上等號，會讓我們錯失直視這份神祕的機會——而沒有任何信心可以建立在逃避之上。眞正的信心雖

⑤ Sainte-Victoire Mountain。位於法國東南部普羅旺斯艾克斯近郊，塞尚曾居住於此並以聖維克多山為題畫了許多油畫作品。

然需要有所掌握，也需要學會在面對超越自己的偉大力量時放手——無論我們稱其爲宇宙、上帝或生命。

這是我們回顧生命哲學的歷史時，所學到的矛盾一課：要對自己有信心，我們必須學會與生命的奧義保持合適的距離，知道該如何接近它，以便讓自己擁抱溫暖。

自信的「技術」與「關係」

這本書談及自信的方式與那些平庸的「生命教練」相去甚遠，他們喜歡用電腦科學或機械的方式比喻——大談「重新編排自己的程式」「找到自己的使用說明書」「自己的軟體部分」「找到開啓自己的正確密碼」等等。隨便在網路上搜尋一下「自信」，都可以找到一堆這種類型的比喻。像是「相信自己的七種技巧」或是「通往自信的三把鑰匙」；同時也會出現一大堆自我暗示的方法，其中包括庫埃法⑥：「每天早上起床都告訴自己，今天一定比昨天更好」「每天早上起床看向鏡子裡的自己，告訴自己是個天才」「大聲且清楚地說出你的目標」等等。

這些指示既愚蠢又毫無作用——愚蠢是因爲它們否認了人類心靈的複雜性；無用則

是因爲它們只會在本就焦慮不安的情況下，更增添罪惡感。如果我們缺乏自信，而人們不斷告訴我們自信很容易獲得，只需要花七天「重新編寫自己的程式」「每天早上在鏡子面前替自己打氣」。而當我們照做之後卻沒有成功時，又會怎麼想？我們會不會覺得一切都是自己的責任、都是自己的錯？這些指示是如此暴力，如此缺乏同情心。

人類不是機器，我們的習慣並非像扭曲的金屬一樣，只要抱持著積極正面的心態重新扭回來就好；人類不是電腦，我們的思維也並非像卡住的程式，只要重新啓動就可以再次運行。對著鏡子裡的自己講好話、深呼吸並不能眞正讓我們的潛力得到發揮，自我說服與自我操縱更無助於我們脫離牢籠。

人生沒有使用說明書，這也是爲什麼我們能夠自由開展自己存在的意義。就算生命的眞相被藏在一個保險箱中，也沒有所謂的「密碼」可以將其解開，我們只需要時間、注意力、耐心、愛，以及那份知道自己不能掌控一切、願意放手的順隨。

---

⑥ Couéism。一種心理學上自我暗示的方法，由法國心理學家庫埃所發明，他相信思想意識是決定人體健康和疾病治療的關鍵要素。

人生本就艱難，這是我們缺乏信心的原因之一。然而藉著幻想逃避、「重新編程」自己的神經元、想要找到「自己的使用說明書」等手段，都無法讓恐懼消失，我們應該學會馴服恐懼，並與其共處。天本就有不測風雲，人亦有旦夕禍福，如果生命中事事順遂，這就不是人生——而是某種早被安排好的程式，讓人無法信任。

我們先前提過，對一項技巧的熟練可以轉變爲眞正的自由、眞正的膽識。只有在相信生命的前提下，才能達成這項從「能力」蛻變到「自信」的躍進。

我意外地在一次演講的經驗中，印證了這個觀念。我到土倫⑦海軍基地，登上戴高樂號航空母艦，替法國海軍艦隊司令艦的艦長和軍官們上課。

那天的演講主題是「自信」。我很樂意與軍官們分享自己的經驗，但同時也略爲緊張，突然不確定這一套談論生命奧義的自信理論，是否僅爲哲學家的無用空談。對即將重返戰場對抗伊斯蘭國的軍人而言，我這一套是否僅爲班門弄斧、荒誕不實？

面對這些令人肅然起敬的聽衆，我突然覺得自己像個小男孩，對英雄提出一大堆問題，而他們的答案讓我驚奇不已——尤其是兩位飆風戰鬥機⑧飛行員還向我解釋如何於夜間降落在航空母艦上。

夜間降落時，飛行員無法使用任何輔助儀器，也無法判讀航空母艦上的標示（除非他看得到），因此這份重要的任務便落在「降落信號官」（landing signal officer）身上。他們會站在甲板上，透過無線電發送指示給飛行員，用口述的方式引導飛行員調整航道，讓戰鬥機平行於船身並下降到適合降落的高度。

飛行員等於是「放手」給降落信號官——無論飛行員看到任何東西，他都不能相信自己的眼睛，而要以盲目的信心遵循同袍的指示。飛行員的自信不僅來自於熟練的飛行技巧，同時也是因爲他對降落信號官有絕對的信任。

我們在這裡可以看到自信的兩大因素緊密地相互連結：自信的「技術」與「關係」。但除此之外，兩位飛行員分別告訴我，他們的信心中還包含了更重要的元素：「毫無疑問的是，你必須有信念。」第一位飛行員在我繼續追問降落問題時這麼回答。第二位飛行員則加了一句「老天保佑⑨！」來描述他靠近跑道時的心情——一切盡在上帝

⑦ Toulon。位於南法普羅旺斯區，是一個面對地中海的港口城市。

⑧ Dassault Rafale。法國達梭飛機公司開發建造的高靈活性多用途戰機。

手中。

對技術的信心、對他人的信心不足以涵蓋所有層面，因爲這兩者都是最原始的「生命信心」產物。對生命的信心雖難以定義，卻非常容易感受——這份信心不是對某物的信心，它就是「信心」本身。

我們每個人或多或少都擁有這份原初的信心——我們不見得用同樣的名字稱呼它、用同樣的方式感受它，甚至也會因爲不同的童年經歷而有不同的信心強度，但是我們都擁有這份信心，因爲我們活著。

強化生命信心的悲劇

爲了將自信中這個深奧的部分解釋得更清楚，我們可以觀察其最純粹的形貌：有些人在經歷過煉獄之後仍對生命保有信心，有些人願意跳脫舒適的平凡生活以體驗生命粗礪原始的裸態。

安托萬．萊西斯（Antoine Leiris）在二〇一五年十一月十三日的巴黎巴塔克蘭劇院恐攻中，失去了他的妻子。事故幾天之後，他在 Facebook 上貼出一封公開信——後來更寫成一本書《你們不會擁有我的憎恨》——給殺害他妻子的殺手：

「週五晚上，你們奪去了一條卓越的生命，她是我此生摯愛、是我兒子的母親——但你們不會得到我的憎恨。我不知道你們是誰，也不想要知道。你們是已經死亡的靈魂。你們以神之名大行殺戮，祂若有一天在我們面前現身，我妻子身體裡的每一顆子彈都會是祂心中的一道傷痕。

「我不會給你們『憎恨』這份禮物。我知道你們想要，但以憤怒回應你們的憎恨等同於向無知屈服，而你們正是由於這份無知成為今天的模樣。你們希望我恐懼、希望我用懷疑的眼光看待我的同胞、希望我用自由換取安全感。你們失敗了，我不會屈從。（……）

「我的確被悲傷淹沒——我准許你們得到這份微小的勝利，但這份勝利不會持久。我知道我的妻子依然會每天陪伴著我們，在生命終了時，我們將進入自由

⑨ Inshallah。原文是阿拉伯語，指「阿拉願意的話」，現已是歐洲人的流行用語，表示盡人事、聽天命。

靈魂的天堂，而你們永遠無法涉足此地。

「我們只有兩人，我和我兒子，但我們比整個世界的千軍萬馬都要強大。我不能在你們身上多花時間，因為梅維爾剛剛起床，我得照顧他，他還不到十七個月大。他會像平常一樣吃點心，然後像平常一樣玩玩具，這個小男孩將用他自由快樂活著的每一天羞辱你們。你們也不會得到他的憎恨。」

這封深刻的信展現了，即使生命遭受不公不義、愚蠢和憎恨在人間大肆破壞，我們還是可以相信生命——這位父親精闢地寫道：「這個小男孩將用他自由快樂活著的每一天羞辱你們」，這種「羞辱」是生命處理威脅的方式。當然，我們還沒贏，生命中總有困難、疑惑、喪氣的時刻，但這正是信心的意義——信心是「無論如何」都願意相信。「相信生命」並非直觀認爲生命的意義是簡單明確的——否則就不會需要「相信」了。

一群喪心病狂的人殺害了安托萬．萊西斯的妻子及其他一百二十九個人，血洗巴塔克蘭劇院。萊西斯知道這個悲劇亦是生命的一部分，但他說自己的兒子會「繼續吃點心」「繼續玩玩具」，並「成長爲一個自由的人」。從這裡，我們看到什麼是「相信生命」。

生命受到威脅的時刻，才是我們最需要展現信心的時候。我們都經歷過這個過程——從二〇〇一年九月十一日開始，世界進入了新恐攻時代，我們的生命、生活方式、文明與自由都遭受攻擊，那些「戰士」宣布了戰爭，每一分每一秒都可能有自殺炸彈客引爆自己、帶走無辜的生命。面對這種動盪的局勢、和平中的戰爭，最好的回應就是：更加相信生命。

雖然聽來矛盾，但悲劇有時能強化我們對生命的信心，極度貧乏則有時能使信心達到高點。許多大宗教家都能在最幽深的黑暗裡看到希望的光芒。

艾蒂・希勒桑是一位年輕的猶太裔荷蘭籍女性，生於一九一四年，曾寫下一本令人驚嘆的日記《亂世人生》（*An Interrupted Life*）。她在日記裡記錄了從一九四一年三月在阿姆斯特丹的生活（她當時是自由人），到一九四三年九月被送進奧許維茲集中營的過程。她最終與父母和兄弟一起死在集中營裡。

希勒桑是一位受過良好教育但內心飽受折磨的女子，有許多比她年長的情人。她在一九四一年接受心理醫師朱利爾・史畢爾（Julius Spier）治療（史畢爾是榮格的追隨者），而史畢爾之後成爲她的心靈導師，鼓勵希勒桑追尋自己獨特的渴望，更介紹她閱讀福音書及聖奧古斯丁、埃克哈特大師⑩的作品。

希勒桑在日記中描述與心理治療師的關係，讓她覺得「重生爲自己」，並將她領向上帝，懷抱著喜悅、帶著新信仰生活——她想要分享、幫助、擁抱，有時甚至會做得有點超過。她自己曾經幽默地說：「要同時跟上帝和自己的身體打好關係，眞是不容易的事。」當時納粹對猶太人的抓捕越加頻繁，荷蘭籍的猶太人起初先被送去韋斯特博克「轉運營」，那是「大屠殺的門廳」，通常會從這裡送進奧許維茲集中營。希勒桑幸運地沒有被抓到，但是看見自己的朋友與同胞們一個個離去，她知道自己不想要離開同胞，於是向猶太委員會請求調職到轉運營中，負責「轉運者的社會協助」。她想要幫助受苦的人，在黑夜中帶給人們光芒。她在日記中寫道：「希望成爲人們傷口上的藥膏」。

希勒桑在韋斯特博克找到了自己的價値，與父母和兄弟團圓，並認識了許多被捉捕流放的猶太手足。在轉運營的醫院中，她給自己的唯一任務就是：讓日常生活變得勉強可以忍受。她足智多謀，永遠充滿同情心、心情愉快，甚至有時看起來無憂無慮；她提供照護與安全感、有時說話有時傾聽、盡量爲病人提供食物、替疲倦的母親照顧嬰兒。集中營的倖存者常常用同一個詞彙形容希勒桑：她會發光。然而她很快就理解了他人無法或不願意理解的事情：離開韋斯特博克的火車，是張通往死亡的單程票。

希勒桑寫下這樣的句子：「我對自己有充足的信心。我並非相信自己可以功成名就，而是因爲在最壞的時刻，我依然覺得生命無比美好。」閱讀她的書信和日記，我們可以看到一位二十八歲的女子，在死亡邊緣依然日復一日懷抱著對生命的信心、對神的信心、對人類的信心。她的日記裡寫道：「只要有一個人可以稱得上是『人類』，我們就該相信人類與人性。」

她對生命的信心不等於無視人類的惡行，她只是心甘情願地接受生命所給予的一切：「生與死、喜悅與痛苦、腳上的水泡、屋後的茉莉花、對猶太人的迫害、無數的暴行——這一切都在我身上匯聚合一，我接受這些事物是不可分割的一個整體。」在一封一九四三年六月八日的信中，她寫道：「天空中成群的飛鳥、紫色的羽扇豆靜謐而豪華

⑩ Meister Eckhart。十三世紀德國神學家、哲學家和神祕主義者，發表許多超前時代、被視為異端的言論。

地成片綻放、兩位矮小的老媼坐在木箱上聊天、陽光浸潤了我的面頰，而後，在我們面前，一場屠殺剛剛結束，這一切是如此難以理解。但我很好。」

希勒桑在信中的表述很貼切，她過得「很好」，因為她願意接受無法理解的事情。在這種極端的情況下，她不要求自己必須理解一切，進而讓自己接受了生命中有大善亦有大惡的事實，所以依然能夠保有信心。「當然，他們希望徹底滅絕猶太人，但我們在屈服時至少要帶著優雅。」她在啓程前往奧許維茲前寫下這段話。

希勒桑的例子展現了「信心」的神祕層面，也是信心最純粹的狀態：放棄掌控，在比自己巨大的力量面前，做到極致的聽天由命──「我們在自己的土地上。只要不遺失自己，任何天空覆蓋之處都是家園，任何一片土地都是故鄉。」

所有文化、所有年代中的智者，都藉由放棄滿足眼前的原始需求，以觸碰生命最真實的狀態。斯多噶哲人、基督教修士、佛教僧侶、印度教婆羅門等人，並非迫於暴力而與生命中的舒適分離。他們出於自願，放棄生命中所有非基本的事情，以體驗那些基本而重要之事，並避開花言巧語，鞏固自己對生命的信心。在物質最貧乏的生活中，他們甚至可以觸碰到生命的核心。艾蒂·希勒桑自願前往韋斯特博克轉運營的行為，正是這種精神的最好寫照。

這些極端、甚至有時令人無法理解的事例，在生命困苦患難或突逢大變時，能夠支持我們繼續前進。

即使愛情幻滅、自尊受損，我們依然該對生命抱持信心，汲取斯多噶哲人的智慧。遭逢失敗，我們依然該認爲活著是幸運而美好的事，實踐伊比鳩魯哲人的智慧。無論遇上人禍或系統性的不公不義，我們都依然該熱愛生命，效法艾蒂．希勒桑的精神。

身處逆境，我們該訓練自己運用創造力、從谷底反彈，運用柏格森「生命力」理論的力量。

即使在艱苦的試煉中，仍然能夠感到突然上湧的狂喜；即使生命待我們刻薄吝嗇，依然熱愛生活——這麼做能夠碰觸到自己內心深處最原始、最核心的信心，而這份信心將在生命中千百個不同的時刻帶給我們自信。

結論

看見你心中那顆獨特的自信之星

我完成這本書的那天，法蘭絲．蓋兒①逝世，所有法國電臺都不斷重複播放《他站著彈奏鋼琴》這首歌。

他站著彈鋼琴
膽小鬼雙膝著地
士兵們直挺立正
他用雙腳站著

① France Gall。法國六〇年代著名流行音樂歌手。

他只想做自己
你們能夠了解……

這首由創作歌手米歇爾．貝加（Michel Berger）創作的歌曲，是一首對信心的頌歌，即使歌詞中甚至沒有提到這兩個字。站著彈奏鋼琴、以自己的方式彈奏鋼琴、自由地表達自己，正是信心的表現，是「雙腳站著」——一隻在舒適圈裡，另一隻踏出舒適圈外。

擁有自信，就是讓心中的膽小鬼消音，不屈服於規範和困難，勇於對生命說聲「好」。擁有自信，也同時必須讓心中立正的士兵消音，拒絕遵循既定秩序，大膽面對自己的渴望。

他站著彈鋼琴
對你們無足輕重
對我卻意味深長
表示他充滿自由

享受與我們共處

唯一眞實的自由，就是完全活出自己的自由。我們都能夠站著彈奏鋼琴。這份通向自我傾聽與自由的邀請函，重現了西洋哲學發源時的開場白。

蘇格拉底邀請他的對談人相信自己，用自己的方式思考，而他只知道一件事情，就是自己一無所知。他如何使門徒獲得自由？他不教授任何知識，只幫助他們跳脫自己的複雜心理、錯誤想法。

兩千一百年後，笛卡兒提出以邏輯思維辯證所有不確定的事物，將知識的大廈建立在全新的基礎上。這是知識界前所未有的企圖，他要求人們對自己的理性思維抱持絕對的信心。

神學家布萊茲·帕斯卡請我們背過身去，拒絕教堂和神職人員的影響，在自己的房間裡、自己的心中，思索神的眞實意義；尼采則相反，他認爲在沒有神的世界裡，我們必須踏出自己的小房間，嘗試攀登高山，像查拉圖斯特拉一樣追尋自己生命的意義。

雖然形式不同，但這些哲人都邀請我們相信自己。

康德、狄德羅、達朗伯特②這些啓蒙時代的學者則會告訴我們：「大膽傾聽你的理性，不要從外在世界尋找自己的行爲準則，因爲它應該蘊藏在你心中。相信自己、相信你的批判能力，當然有時難免疑惑，而理性的道路遠比偏見的道路艱難，但相信理性能使你提升自我。」

我相信哲學之美正涵藏在這封通往「自信」的邀請函中。

每一位哲學家都用自己的語言、自己的概念唱出「自信」這首歌；他們雖然不見得都將這個概念命名爲「自信」，仍邀請我們爭取自己的自由，活出自己的獨特性，相信自己心中的那顆星星。

二十年來，我每天在高中課堂上教授哲學，沒有比看見學生覺醒更令我快樂的事。他們學會論證與批判、開始感到驚訝而後反駁，進一步能夠相信自己的思維、自己的直覺、自己的未來——也就是相信自己。我向他們介紹這些提倡自信的哲學家，也告訴他們這些哲人同時讚揚疑惑、不安及有益的恐懼。學生們很快就抓住哲學家想告訴我們的重點：

如果沒有疑惑，就不會需要自信。

自信並非相信自己，而是找到面對不確定性的勇氣，不逃避未知，在疑惑中找到繼續前進的動力。

---

② Jean le Rond d'Alembert。十八世紀法國物理學家、數學家和天文學家。

參考書單

關於自信，你可以再看看這些書……

◎**尼采，《查拉圖斯特拉如是說》**

(Friedrich Nietzsche, *Ainsi parlait Zarathoustra*, 1883-1885)

名句「成爲你自己」，正是從這本書中擷取的。這句大師名言是一封通往自信、自我獨特性的邀請函。

◎**克里斯提昂．博班，《授予永恆》**

(Christian Bobin, *Donne-moi quelque chose qui ne meurt pas*, 1996)

博班精雕細琢的文字配上攝影師愛德華．布巴（Édouard Boubat）的照片，讓我們發覺「自信」也就是相信比自己更偉大的存在。

◎**菲利普．諾曼，《藍儂傳》**

(Philip Norman, *John Lennon: The Life*, 2008)

這本傳記記錄了二十世紀最偉大的音樂家之一，也向我們展現：自信不是一種天賦，而是一條征途。

◎**愛默生，《論自立》及其他文集**

(Ralph Waldo Emerson, "*Self-Reliance*" [Essays: First Series], 1841)

「自信心哲學」領域中唯一的專著，其作者對尼采有深遠的影響。這是本文學瑰寶，也是對直覺的禮讚。

◎ **亨利．柏格森，《創化論》《心力》**
（Henri Bergson, *L'évolution créatrice*,1907; *L'énergie spirituelle*, 1919）
二十世紀哲學經典著作，讓我們知道自信能以「生命的創造力」此一形式呈現。

◎ **鮑里斯．西呂爾尼克，《壞小鴨》《精神食糧》**
（Boris Cyrulnik, *Les Vilains petits canards* 2001；*Les nourritures affectives*, 1993）
這位心理分析學家告訴我們，找到／找回自信、建立／重新建立關係永遠不嫌晚，透過這些行為，我們能夠相信自己、相信幸福。

◎ **雅各．拉岡，《文集一》《文集二》**
（Jacques Lacan, *Écrits I et II*, 1966）
心理分析大學者的艱澀文集，但可以讓我們理解：個體和現實世界、想像與象徵之間的關係，會影響其自信。

第一章　培養強大的連結

◎ **亞里斯多德，《政治學》**
（Aristote, *Politics*, 400BCE）
哲學史上最重要的著作之一，讓我們了解人類是政治的動物，因為人類是不完整的，因此需要從人際關係中尋找自信。

◎ **亞里斯多德，《尼各馬可倫理學》**
（Aristote, *The Nicomachean Ethics*, 400BCE）

我們在這本書中，可以找到關於友誼的優美敘述，讓我們知道自己在人生中需要導師。對人類這樣的動物來說，自信不是一件可以獨立完成的事情。

◎ **佛洛伊德，《精神分析文集》《精神分析導論》**

(Sigmund Freud, *Essais de psychanalyse*, 1927; *Introductory Lectures on Psycho-Analysis*, 1916-1917)

這兩本書是「依附理論」和「內在安全」的基本理論框架，佛洛伊德發展出「童年困境」的概念，來解釋上述兩種理論。

◎ **雅各．拉岡，《文集一》中的〈鏡像階段〉**

(Jacques Lacan, Le stade du miroir dans les *Écrits* I, 1966)

一篇簡短精要的文章，卻擁有前所未見的力量，值得一讀再讀。思索如何從他人的眼光中得到對信心的確認——因此也證明自信不可能只是對自己的信心。

◎ **楚浮，《野孩子》**

(François Truffaut, *L'Enfant sauvage*, 1970)

經典電影作品，描繪一個孩子從小被切斷與人類的連結，無法眞正成爲人類。

◎ **康德，《論教育》**

(Emmanuel Kant, *Uber Pedagog*, 1776)

這位十八世紀末的德國大哲學家解釋：用來評斷教育好壞的標準是「自主性」，受到良好教育意指不再需要依賴教育者，自信會轉變爲對自己判斷力、自主思維的信心。

◎ **約翰．鮑比，《情感連結的形成與斷裂》《依戀理論三部曲》**

(John Bowlby, *The Making and Breaking of Affectional Bonds*, 1956-1976; *Attachment & Loss*, 1969)

這位英國精神科醫師、心理分析學家寫出了關於「依附理論」和「內在安全」的決定性著作，其中多次提到西呂爾尼克的想法。

◎**艾瑞克．德康與凱特琳．德提維爾，《安納布爾納峰：八千公尺高峰二重奏》**

(Érik Decamp and Catherine Destivelle, *Annapurna, duo pour un 8000*, 1994)

兩位偉大的登山家在這本見聞錄中告訴我們：自信與對他人的信心兩者相互纏繞、牢不可分——這對繩索攀登而言，是句精妙的譬喻。

◎**瑪麗亞．蒙特梭利，《童年的祕密》《吸收性心智》**

(Maria Montessori, *L'enfant*, 1936；*The Absorbent Mind*, 1949)

要理解蒙特梭利教育法，最好從源頭直接閱讀這位義大利教育家的著作。她提倡教育孩童的方法，需要建立在信心和善意之上，使兒童充滿創意和自由。

◎**安．杜弗勒芒特爾，《仁慈的力量》**

(Anne Dufourmantelle, *Puissance de la douceur*, 2013)

在這位法國精神分析師輕柔的筆下，我們發現缺乏自信這件事並不存在——因爲其源頭是缺乏對他人的信心。

◎**伊莎貝爾．費歐沙，《相信自己》**

(Isabelle Filliozat, *Fais-toi confiance*, 2005)

以當代心理學家的中肯觀點，描述她在執業數十年中遇到的豐富案例。

第二章　自我訓練

◎**麥爾坎．葛拉威爾，《異數：超凡與平凡的界線在哪裡？》**

（Malcolm Gladwell, *Outliers: The Story of Success*, 2008）

在這本指導性很強的書中，身爲紐約記者的作者，充滿熱忱地調查「能力」如何蛻變爲自信。

◎**胡塞爾，《笛卡爾式的沉思錄》**

（Edmund Husserl, *Méditations cartésiennes*, 1931）

在這本二十世紀最著名哲學家之一所撰寫的現象學入門書中，我們可以讀到這句名言——一切意識，都是對某物的意識。自信亦然，是對於能夠做到某件事的信心。

◎**赫拉克利特，《赫拉克利特著作殘篇》**

（Héraclite, *Fragments*, 600BCE）

「我們不可能涉足同一條河流兩次。」這位前蘇格拉底哲學家如此說。自信因此不可能只是技藝的掌控，還包含能夠面對未知的力量。

◎**尼采，《查拉圖斯特拉如是說》**

（Friedrich Nietzsche, *Ainsi parlait Zarathoustra*, 1883-1885）

再次引用尼采，他創造了「良知者」這個怪誕角色——良知者是因自身能力劃地自限者的完美化身。

◎**尼采，《不合時宜的考察》**

（Friedrich Nietzsche, *Unzeitgemässe Betrachtungen*, 1874）

談論哪些知識可以使我們得到自由與信心，但不會使我們困囿一隅。

◎**尼采，《快樂的科學》**
(Friedrich Nietzsche, *Die fröhliche Wissenschaft*, 1882)
讓人更靠近有益的哲學，大聲地對生命說「好」。

◎**讓．皮耶．凡爾農，《希臘思想的起源》**
(Jean-Pierre Vernant, *Les origines de la pensée grecque*, 1962)
介紹鍛造之神赫菲斯托斯的故事：只有當我們開始鍛造，才能成爲鐵匠。

◎**伊曼紐．德勒賽，《勇於信任》**
(Emmanuel Delessert, *Oser faire confiance*, 2015)
一位年輕的法國哲學家以優美的筆法向我們展示，自信不是單純使自己安心而已。

第三章　自我傾聽

◎**康德，《判斷力批判》**
(Emmanuel Kant, *Kritik der Urteilskraft*, 1790)
康德三大批判中的第三本（第一本是《純粹理性批判》（*Kritik der reinen Vernunft*, 1781）、第二本是《實踐理性批判》（*Kritik der praktischen Vernunf*, 1788），這位德國哲學家定義美感經驗是「自由且和諧的人類認知遊戲」。美感經驗是自我調和的時刻，無法自我傾聽，就無法獲得眞正的自信。

◎**康德，《何謂啓蒙》**
(Emmanuel Kant, *What is Enlightenment?*, 1784)
啓蒙就是「有勇氣運用自己的理智」，康德在這篇短文中如此說。自信就是相信自己的理性思維。

◎**愛默生，《論自立》及其他文集**

（Ralph Waldo Emerson, "*Self-Reliance*" [Essays: First Series], 1841）

在這些文集中，我們可以找到《論自立》《論自然》等文。自我傾聽就是學會聆聽自己的直覺，讓「智慧的光芒」穿透我們。

◎**安東尼．聖修伯里，《小王子》**

（Antoine de Saint-Exupéry, *Le Petit Prince*, 1943）

狐狸告訴我們，儀式在人類生活中的重要性，沒有了儀式，我們如何能夠自我傾聽？

◎**亨利．柏格森，《思想與運動》**

（Henri Bergson, *La pensée et le mouvant*, 1934）

這本文集中收錄了柏格森最容易入門的文章，其中一篇談論直覺。

◎**尼采，《尼采晚期筆記選》**

（Nietzsche, *Fragments Posthumes*, 1901）

尼采在此提到他對愛默生的推崇：「從來沒有一本書能像愛默生的書一樣，讓我覺得像是在自己家一樣舒適美好、充滿歸屬感，我無法讚美愛默生，因爲他是如此靠近我的本質。」

◎**法布里斯．米戴爾，《看懂現代藝術》**

（Fabrice Midal, *Comprendre l'art moderne*, 2010）

這位哲學家、冥想老師仔細地向我們介紹藝術作品，並讓我們知道，要看懂二十世紀的藝術，需要自我傾聽。

第四章　學會讚嘆美

◎ **波特萊爾，《美學珍玩》**

（Charles Baudelaire, *Curiosités esthétiques*, 1868）

詩人在這本書裡說出了「美總是奇特的」。「奇特」正是美所給予我們的能力：讓我們能夠傾聽自己、相信自己。

◎ **康德，《判斷力批判》**

（Emmanuel Kant, *Kritik der Urteilskraft*, 1790）

我們在本章中引用康德，因爲這本書（有點奇怪地）討論了外在自然的和諧如何創造我們內心主觀的和諧、平息內心的衝突，並讓我們對自己的自由判斷充滿信心。

◎ **梭羅，《湖濱散記》**

（Henry David Thoreau, *Walden; or, Life in the Woods*, 1854）

在這本鉅著中，梭羅（愛默生的好友）描述他居住在美國麻薩諸塞州湖畔的生活，以及他對「人與自然」這個主題的深刻思想。閱讀這本書，我們可以理解爲何在自然中漫步可以幫助我們找回自信。

◎ **約翰．保羅．詹森，《指尖上的生命》**

（Jean-Paul Janssen, *La vie au bout des doigts*, 1982）

這部關於自由攀岩者派翠克．艾林傑的偉大的紀錄片，完美描繪了大自然之美對自信的正面影響。

◎ **馬可．奧理略，《沉思錄》**

（Marcus Aurelius, *Meditations*, 167 ACE）

這位斯多噶學派的哲學家皇帝，在書中談論使世界平衡的宇宙能量。我們若身處這種和諧狀態中，怎能不對生命抱有信心？

◎ **雨果，《街道森林之詠》**

（Victor Hugo, *Les Chansons des rues et des bois*, 1865）

在雨果的詩作〈造化之愛〉（La nature est pleine d'amour）中，大自然充滿了豐沛的生命力，可以支持我們、給予我們信心。

◎ **亨利．柏格森，《創化論》**

（Henri Bergson, *L'évolution créatrice*, 1907）

柏格森在這本書中發表了「生命力」的哲學概念，他認爲生命力是一種自然的創造力，促進生命的演化，在充滿創意、自由、自信時，生命力同時充盈在我們身上。

◎ **程抱一，《關於美的五種沉思》**

（François Cheng, *Cinq méditations sur la beauté*, 2017）

充滿敏銳思維的書，談論美的力量：「美是一種虛擬、永恆的存在，像是流瀉不止的泉水一般，從每個人心中湧出。」

◎ **弗朗索瓦．余蓮，《美這個奇異的概念》**

（François Jullien, *Cette étrange idée du beau*, 2010）

身爲哲學家、漢學家的余蓮告訴我們，美可以讓自我的存在更顯著：「美在那裡，像是一塊在世界幻滅過程中所產生的冰磧石，或者從神之時代遺留下的產物。」

◎ **沙爾．貝班，《美的救贖：遇見自己的瞬刻》**
(Charles Pépin, *Quand la beauté nous sauve*, 2013)
這是二〇一三年出版的。但寫完現在這本書後，忍不住想，早知道我就把書名取爲《美的救贖：找回失去的自信》。本書第四章的概念是這本書的延伸。

第五章　決斷

◎ **塞內卡，《道德書簡集》**
(Sénèque, *Epistulae Morales ad Lucilium*, 65 ACE)
這本斯多噶學派大哲學家的著作，由一百二十四封信組成，我們可以在其中找到斯多噶學派所有重要概念的論述，其中有一段談到決斷：「人生時時都有意外，我們必須做出決定，而這就是該向哲學取經的時候。」自信就是學會決斷。

◎ **布萊茲．帕斯卡，《思想錄》**
(Blaise Pascal, *Pensées*, 1670)
「我們無法證明上帝存在，只能體驗上帝的存在。」這本基督教寓言故事這麼寫。我們由此可以理解，自信同時也是對比自己更偉大的存在抱持信心。

◎ **齊克果，《誘惑者的日記》《恐懼和戰慄》《非科學的結語》**
(Søren Kierkegaard, *Forförerens Dagbog*, 1843; *Frygt og Bæven*, 1843; *Afsluttende uvidenskabelig Efterskrift til de philosophiske Smuler*, 1846)
在丹麥存在學派哲學家的這些重要著作中，信仰是「跳躍」出理性之外的：信仰不是一種理性選擇，而是一種決斷。我們需要信心才膽敢在不確定性中下決定，在疑惑中決斷。

◎ **沙特，《存在主義是一種人道主義》**
(Jean-Paul Sartre, *L'existentialisme est un humanisme*, 1946)
一本短篇的講稿，清楚地談論「對自由的信仰」及「決斷能力」二者之間的關係。自信對一位存在主義者而言，就是對己身自由的信心。

◎ **沙特，《存在與虛無》**
(Jean-Paul Sartre, *L'être et le néant*, 1943)
長篇且艱澀的文字，談到想要採取行動的焦慮不過是種「對自由直覺的捕捉」，也就是己身自由的指標。採取行動能讓我們從焦慮中解脫，衡量自己的自由。

第六章　別怕弄髒手

◎ **馬修．柯勞佛，《摩托車修理店的未來工作哲學：通往美好生活的手工精神與趨勢》**
(Matthew B. Crawford, *Shop Class as Soulcraft: An Inquiry into the Value of Work*, 2009)
一本令人驚嘆的書。一位受過哲學教育的人，揉合理論與生命軌跡，談論自己如何在修理摩托車中找到自信。

◎ **亞里斯多德，《尼各馬可倫理學》**
(Aristote, *The Nicomachean Ethics*, 400BCE)
根據亞里斯多德的看法，每個人都應該要有一份工作，可以使人自我完成，並從中得到自信。

◎ **亞里斯多德，《論動物的組成》**

（Aristote, *Parts of Animals*, 400BCE）

在這本書中，亞里斯多德認爲手是人類智識的延伸，不動手等於是失去一部分的自己。

◎ **馬克思，《一八四四年經濟學哲學手稿》**

（Karl Marx, *Ökonomisch-philosophische Manuskripte aus dem Jahre* 1844, 1844）

馬克思批評資本經濟下的工作，而非工作本身。他以優美的文字提出對於「理想工作」的看法：不包含剝削與疏離，而能夠使人自我實現、發展個性——也就是自信的展現。

◎ **黑格爾，《精神現象學》**

（Georg Wilhelm Friedrich Hegel, *Phänomenologie des Geistes*, 1807）

在其「主奴辯證法」中，黑格爾讓我們知道，人類需要讚賞及與事物的眞實連結，才能相信自己、相信自己的價值，進一步構築幸福。

◎ **亨利．柏格森，《創化論》**

（Henri Bergson, *L'évolution créatrice*, 1907）

柏格森認爲人類更像「匠人」而非「智人」：「『智慧』從本源上看來，是一種製作物品的能力，尤其是可以製作其他工具的工具，以及可以製造出無限多種類的物品。」因此我們可以理解，什麼也不做時，人類會失去自信：我們需要重新變成「製作者」以獲得自信。

◎ **米榭．塞荷，《米榭．塞荷的泛托邦：從溝通信使荷米斯到一手掌握世界的拇指姑娘，法國當代哲學大師的跨界預見》**

（Michel Serres, *Pantopie, de Hermès à Petite Poucette, entretiens avec Martin Legros et Sven Ortoli*, 2014）

談到農耕生活的消失及其影響。

◎ **喬治．夏帕克，《別怕弄髒手：小學生的自然課》**
（Georges Charpak, *La Main à la pâte, les sciences à l'école primaire*, 2011）
在這本書裡，諾貝爾物理學獎得主告訴我們，具體且需要動手的經驗（發現水的沸點、發現浮力原理、呼吸時觀測到氣流、製作沙漏等等）不僅可以讓孩子熟悉科學，也可以發展孩子的人格，讓他們得到自信。

第七章　起而行

◎ **阿蘭，《論幸福：成為自己的思想者，在各種環境中保持快樂的藝術》**
（Alain, *Propos sur le bonheur*, 1925）
我們可以在這本書中找關於行動的哲思：行動並非屈居於思想之下，行動有其價值與眞相。

◎ **黑格爾，《精神現象學》**
（Georg Wilhelm Friedrich Hegel, *Phänomenologie des Geistes*, 1807）
我們的精神必須要行動，以便了解自己；上帝也需要行動，以確認自己的價值。我們也是如此，不該等到完全確定自己才願意行動，而是藉由行動在過程中得到自信。

◎ **馬可．奧理略，《沉思錄》**
（Marcus Aurelius, *Meditations*, 167 ACE）
相信命運與採取行動並不相互違背，採取行動並非認爲萬事盡在掌控，而是盡力改變自己能夠掌控的事物，並接受不能掌控的部分。自信不是傲慢，而是謙卑和更廣闊的信心——我們要謙卑，因爲無法掌控一切；我們要擁有更廣闊的信心，因爲藉由行動，我們展現對不可掌握處的信心，相信自己可以對其造成改變。

◎沙特，《自我的超越性》

（Jean-Paul Sartre, *La transcendance de l'ego*,1936）

一個人的價值不是在於「自我」，而是在於自我以外的事物、在於他征服的世界、在於他的行動所產生的關係。我們必須踏出舒適圈、踏出家門，才能得到自信。

第八章　仰慕

◎佛洛伊德，《文明與缺憾》

（Sigmund Freud, *Civilization and Its Discontents*, 1930）

在這篇短小卻偉大的文章中，佛洛伊德告訴我們，對社會規範有利的事情，反而無助於個人獨特的自我表達，這就是「缺憾」的來由。我們要如何在社會規範下對自己的獨特性有信心？尼采告訴我們，答案就是仰慕那些無視規範，勇敢活出自我的人。

◎米歇爾．克雷普，《仰慕：反對偶像崇拜》

（Michel Crépu, *L'Admiration, Contre l'idolâtrie*, 2017）

這是本學識淵博的文學評論家所寫的書，說明偶像崇拜會貶損崇拜者的人格，仰慕則會提升仰慕者。

第九章 誠實面對自己的渴望

◎ **史賓諾莎，《倫理學》**

（Baruch Spinoza, *L'Éthique*, 1677）

在這本書中，快樂被定義爲「人從較不完美的狀態向較完美狀態的過渡」，這是一種令人進步、成長的快樂，能使我們遠離相互比較這種「信心毒藥」。

◎ **安東尼．史脫爾，《孤獨，是一種能力：面對真實自我、探索孤獨心理的當代經典》**

（Anthony Storr, *Solitude: A Return to the Self*, 1988）

一篇很美的文章。這位榮格學派的心理分析學家談論孤獨（而非隔絕）的好處：孤獨讓我們能夠建構自己的獨特性、傾聽自己的渴望、發展自己的想像力與創造力。每一個人都是獨特的，是獨一無二的鑽石，我們必須意識到這件事以獲得自信。

◎ **雅各．拉岡，《精神分析倫理》**

（Jacques Lacan, *L'éthique de la psychanalyse*, 1986）

在這次研討會中，拉岡深入探討了「誠實面對自己的渴望」：人人都有渴望，但要對自己的渴望誠實，因爲這是我們的潛意識、我們的天命、我們潛藏的生命協調性。如果無視自己的渴望，就等於是與自己切割分離，而這會帶來罪惡感，使我們無法擁有自信，甚至使我們陷入憂鬱。自信就是對自己誠實，去面對自己的渴望與追求。

◎ **荷馬，《奧德賽》**

（Homer, *Odyssey*, 800 BCE）

仔細閱讀這部經典作品，可以看到尤利西斯代表了「自知者」，忠於自己的渴望，無視誘惑和永生的魔法。尤利西斯對自己有信心，因爲他認識自己眞實的渴望。

第十章　相信奧祕

◎盧克萊修，《物性論》

(Titus Lucretius Carus, *On the Nature of Things*, 100 BCE)

這本偉大的詩作讓我們靠近世界偶然性的奧祕：我們存在的奇蹟。相信自己，首先必須認識到自己的存在是個「無中生有」的幸運結果。

◎亨利·柏格森，《心力》

(Henri Bergson, *L'énergie spirituelle*, 1919)

在這本大概是柏格森最重要的作品中，他定義生命爲「生命力」（élan vital）——一種存在於物質中的神祕精神力量。自信也就是對這份創造力的信心，當我們停止重複與慣性時，這份力量就會充滿我們全身。

◎胡塞爾，《純粹現象學通論》

(Edmund Husserl, *Ideen zu einer reinen phanomenologie und phanomenologischen philosophie*, 1913)

這本書是胡塞爾晚年的著作之一，談論了對世界的「原初自信」這個美好的概念：「生」就是將自己託付給世界，並得到原初自信做爲交換。對自己的信心就建立在這份對世界的原初信心之上。

◎ **莫里斯．梅洛龐蒂，《可見與不可見》《知覺現象學》**

（Maurice Merleau-Ponty, *Le visible et l'invisible*, 1965; *Phénoménologie de la perception*, 1965）

根據這位法國現象學哲學家，我們生存在世界的「網絡」「血肉」之中。沒有這種對世界的歸屬感，我們不可能得到自信。

◎ **克里斯提昂．博班，《枯竭》《天堂廢墟》**

（Christian Bobin, *L'épuisement*, 2015; *Les ruines du ciel*, 2009）

博班是位基督教神祕主義者，也是位深受啓發的散文家，他能夠在最簡單的日常事物中看到美。相信自己，就是相信生命中的每一寸都被耶穌短暫在人世的降臨所點亮。如同愛默生，博班相信自信是相信比自己更偉大的存在。

◎ **巴斯卡．基亞，《祕密生命》**

（Pascal Quignard, *Vie secrète*, 1997）

在這本優美的小說中，這位詩人、小說家、散文家寫道：「戰敗來自於自己——外在世界沒有所謂戰敗，自然、天空、夜晚、雨水、微風都是漫長而盲目的勝利。」這份生命的勝利在本質和追求上都同樣神祕。相信自己，也就是盡量靠近這份神祕、這份勝利。

◎ **安托萬．萊西斯，《你們不會擁有我的憎恨》**

（Antoine Leiris, *Vous n'aurez pas ma haine*, 2016）

一位在二〇一五年十一月的巴塔克蘭恐怖攻擊中失去妻子的男人，必須獨自撫養兒子。對他來說，對生命的信心可以抵抗死亡、不公不義和憎恨，甚至有時還能提供他們生命中的答案。

◎艾蒂．希勒桑，《亂世人生》

（Etty Hillesum, *An interrupted Life: The Diaries of Etty Hillesum*, 1941-1943）

這本日記中記錄了一位猶太裔荷蘭籍的女孩，在一九四三年被運送至奧許維茲集中營殺害的過程。書中的文字讓我們看到，即使身在集中營，她對生命的信心都不曾熄滅。我們只要活著，一切就或多或少有希望——這是對生命多麼深厚的信心，而自信正是從此處得到力量。

國家圖書館出版品預行編目資料

自信的躍進：不再恐懼、退縮、焦慮的關鍵／沙爾．貝班（Charles Pépin）著；Geraldine LEE 譯.
-- 初版. -- 臺北市：究竟出版社股份有限公司，2021.01
192面；14.8×20.8 公分. --（哲學；42）
譯自：La Confiance en soi : Une philosophie
ISBN 978-986-137-310-2（平裝）
1.自信 2.生活指導 3.成功法
177.2　　109018612

Eurasian Publishing Group
圓神出版事業機構
用心與你對話．視野無限寬廣
究竟出版社
Athena Press

www.booklife.com.tw　　reader@mail.eurasian.com.tw

哲學 042

自信的躍進：不再恐懼、退縮、焦慮的關鍵

La Confiance en soi: Une philosophie

作　　者／沙爾．貝班（Charles Pépin）
譯　　者／Geraldine LEE
發 行 人／簡志忠
出 版 者／究竟出版社股份有限公司
地　　址／臺北市南京東路四段50號6樓之1
電　　話／（02）2579-6600．2579-8800．2570-3939
傳　　真／（02）2579-0338．2577-3220．2570-3636
總 編 輯／陳秋月
副總編輯／賴良珠
責任編輯／蔡緯蓉
校　　對／蔡緯蓉．林雅萩
美術編輯／金益健
行銷企畫／詹怡慧．陳禹伶
印務統籌／劉鳳剛．高榮祥
監　　印／高榮祥
排　　版／陳采淇
經 銷 商／叩應股份有限公司
郵撥帳號／18707239
法律顧問／圓神出版事業機構法律顧問　蕭雄淋律師
印　　刷／祥峰印刷廠
2021年1月　初版

定價 280 元　　ISBN 978-986-137-310-2　　